U0872411

编委会

主　任　汪习根

副主任　姜战军　　李长健

委　员　（按姓氏拼音排序）

曹海晶　　郭　亮　　姜　芳

裴丽萍　　王　干　　熊　琦

徐军华　　鄢　斌　　尹建国

华中科技大学法学教育40周年
暨法学院建院20周年

新文科法学精品文库

本书承“中央高校基本科研业务费”资助
华中科技大学文科专项任务项目“促进绿色发展的知识产权制度生态化研究”
（项目编号：2019WKYXZX003）最终成果

孤儿作品著作权使用制度研究

李雅琴　著

法律出版社 LAW PRESS · CHINA
北京

图书在版编目(CIP)数据

孤儿作品著作权使用制度研究／李雅琴著. -- 北京：法律出版社，2022
(新文科法学精品文库)
ISBN 978－7－5197－6788－4

Ⅰ. ①孤… Ⅱ. ①李… Ⅲ. ①著作权－研究 Ⅳ. ①D913.44

中国版本图书馆 CIP 数据核字(2022)第 091465 号

孤儿作品著作权使用制度研究
GUER ZUOPIN ZHUZUOQUAN SHIYONG ZHIDU YANJIU

李雅琴 著

责任编辑 郑怡萍 宋丽娜
装帧设计 汪奇峰

出版发行 法律出版社
编辑统筹 法律教育出版分社
责任校对 陆帅文
责任印制 刘晓伟
经　　销 新华书店

开本 A5
印张 7.5 **字数** 187 千
版本 2022 年 9 月第 1 版
印次 2022 年 9 月第 1 次印刷
印刷 唐山玺诚印务有限公司

地址:北京市丰台区莲花池西里 7 号(100073)
网址:www.lawpress.com.cn
投稿邮箱:info@lawpress.com.cn
举报盗版邮箱:jbwq@lawpress.com.cn
销售电话:010－83938349
客服电话:010－83938350
咨询电话:010－63939796
版权所有·侵权必究
书号:ISBN 978－7－5197－6788－4
定价:38.00 元
凡购买本社图书,如有印装错误,我社负责退换。电话:010－83938349

目　　录

导　论

著作权的成长与发展是通过引用物质方面的改变和社会变迁以及由此增加的该权利的社会价值而获得解释的。正如当复制相对于表达成本来说很昂贵时，著作权的价值将是有限的，作者无须著作权来保护其作品免于被复制。而在复制如此快捷和便宜，以至于阻碍了作者收回其在表达上的固定成本时，著作权的价值才得以凸显。同理，孤儿作品的使用是随着网络技术的发展，特别是数字图书馆计划的实施而成为世界范围内讨论的焦点的。[1] 文化资源的数字化及在线可访问性将惠及文化多样性的保护，并成为其他创意产业（包括旅游业和教育业）进一步产生衍生作品的基础，而孤儿作品则成为数字文化市场的主要障碍源。

孤儿作品的产生，不仅是因为著作权人和使用者无法协商一致，而且许可过程中的信息缺乏及效率低下也从根源上阻碍了此类协商的发生，权利清理中遇到的阻碍严重影响了著作权制度的正常运行。在著作权人身份或所在地不明的情况下，使用者对于能否使用作品以及使用作品的条件无法进行判断。现实障碍会使得诚信的使用者无法获得许可。每一个使用孤儿作品的人都身处法律的笼罩下，似乎著作权人永远可能在作品被使用后现身，并要求大额侵权损害赔偿。即使某些使用者对于合理使用或其他的情况可能有着可行的辩护，但在面对昂贵的诉讼时，使用者可能会选

---

〔1〕“孤儿作品”是指著作权保护期未届满，使用者通过尽力查找无法联系著作权人的作品。

择完全放弃使用该作品。例如,一位历史学家如果希望收集研究老照片或地图时,可能因缺乏资金和人力资源去承受潜在的巨额诉讼成本而避免使用这些作品。又如,英国图书馆拥有数以千计的“一战”和“二战”期间的军人照片,虽然这些照片具有显著的研究价值,但由于它们的著作权人无处可寻,以致这些照片不能被数字化和访问。搜索成本加侵权责任的预期会令使用者望而却步。尽管在很多情况下,孤儿作品的著作权人要么不存在,要么并不反对其他人使用自己的作品,但是这种不确定性及由此带来的僵局,无法对著作权法所追求的激励创作、促进知识流通和文化传承的立法目的产生积极影响。

此外,由于著作权人身份或所在地不明,致使该作品没有被事实上使用,这被认为是违背公共利益的,因为其阻碍了二次作品的创作,提供给社会公众的创作物也将相应减少。由于查找著作权人的复杂性,孤儿作品目前被自动排除在数字化项目之外,审慎的图书馆、档案馆及博物馆会被迫停止使用孤儿作品,哪怕此类使用会对社会产生有益影响。此类做法将导致重要作品淡出公众视线,并对濒临消失的国家文化遗产造成威胁。其他对社会有益的孤儿作品使用可能也面临中止。例如,电影制作人可能会拒绝将孤儿作品作为原材料的项目,出版业也会选择不去出于商业原因对作品进行再版,学者也会对社会有益的研究活动望而却步。正如一位学术评论员所说,孤儿作品问题“是在发达世界中让著作权发挥社会效用的最大阻碍[1]”。图书馆,档案馆等公共文化机构面临着以较低的成本将具有教育、历史或文化价值的作品数字化和网络传播的需求。虽然将孤儿作品保存和复制到新的格式,

[1] U. S. Copyright Office, *Orphan Works and Mass Digitization*: *A Report of the Register of Copyright*, AOL (Sept. 7, 2016), https//copyright. gov/orphan/reports/orphan - works 2015. pdf.

不失为一种保护方法，但由于著作权限制，这些材料不能被合法访问或传播给公众，既不能被机构利用，也不能被更广泛的读者使用。

因此，扫除使用孤儿作品时遇到的阻碍将会带来可观的社会效益，该效益将影响整个著作权制度，并且毫无疑问地为各国文化产业的发展助力。破解孤儿作品的使用困境成为理论研究，乃至立法与司法实践颇受关注并争议较大的问题。

英国的哈格里夫斯教授通过分析经济趋势，利用案例进行实证研究，认为"孤儿作品的问题代表了著作权框架在适应数字环境方面最明显的失败，开放孤儿作品是一种对国家经济不会产生不利影响的举措"。建议政府应该采取行动以提高消费者对法律运作信心的方式去更新著作权法，应该通过立法去解放那些事实上无法获取的孤儿作品中所蕴含的巨大宝藏。[1] 英国电影协会（British Film Institute）预计如果法律允许孤儿作品交易，很有可能在这些档案中发现隐藏在其中的真正有价值的东西，新一代的创作者一定能以新的方式利用其中的一些作品，产生新的经济价值。[2]

在过去10年中，为了确定藏品中的孤儿作品数量，世界多个法域对此进行了实证研究。世界上最大的图书馆联合目录 Word Cat 共收录了112个国家的71,000个图书馆的3200万种馆藏图书，其中15%为进入公有领域的图书；另外10%仍然享有著作权；

---

〔1〕 Ian Hargreaves, *Digital Opportunity*: *A Review of Intellectual Property and Growth*, UK Intellectual Property Office (2011), https//www. ipo. gov. uk/ipreview – finalreport. pdf.

〔2〕 Ian Hargreaves, *Digital Opportunity*: *A Review of Intellectual Property and Growth*, UK Intellectual Property Office (2011), https//www. ipo. gov. uk/ipreview – finalreport. pdf.

剩下的75%全是著作权人不详的“孤儿图书”。[1] 英国电影学院20%的藏品是孤儿作品，而帝国战争博物馆拥有大约200万的档案照片和艺术品是孤儿作品。英国国家档案馆、苏格兰国家档案和大英图书馆估计，他们的全部藏品中有40%是孤儿作品。[2] 截至2015年年底，Facebook（2021年10月更名为Meta）在全球拥有超过15亿的每月活跃用户，他们每天发布3亿张照片。照片共享应用程序Snapchat在2015年，每秒共享8796张照片。这相当于用户在应用程序上每天共享的照片数为759,974,400张。[3] 每年分享和重新分享数10亿张照片，可能会导致照片原著作权人身份的丧失，以及孤儿作品数量激增。此类孤儿作品的增加，部分原因是像照相手机这样的技术进步，从而使作品浩如烟海，创作者身份往往难以确定。这些孤儿作品随后被留在著作权的“孤儿院”中，既不能通过作品使用来促进文化的进步，也无法通过许可和货币化使创作者受益。

此外，随着时间的推移，更多的作品将进入孤儿领域，而且新的数字孤儿作品会不断产生。由于作品只有在经过失败且昂贵的调查后才能确定是孤儿作品，因而与孤儿作品相关的项目最终都无法继续，孤儿作品的准确规模很难估量。

---

〔1〕 Dempsey, Lorcan & Brian Lavoie, *Beyond* 1923: *Characteristics of Potentially In-copyright Print Books in Library Collections*, 15 Library Magazine. 11 – 12 (2009).

〔2〕 Martinez M, Terras. M, *Not Adopted'*: *The UK Orphan Works Licensing Scheme and How the Crisis of Copyright in the Cultural Heritage Sector Restricts Access to Digital Content*, 5(1) Open Library of Humanities 1 – 51 (2019).

〔3〕 *If You Were to View all the Photos Shared on Snapchat in the Last Hour how Long Would it Take?*, Cewe – Photoworld, https//cewe – photoworld. com/how-big – is – snapchat/ (last visited May 14, 2016); Kimberlee Morrison, *How Many Photos Are Uploaded to Snapchat Every Second?*, Soci. Times, 9 Jun. 2015, https//www. adweek. com/socialtimes/how – many – photos – are – uploaded – to – snapchat – everysecond/621488.

孤儿作品问题的法律确定性和清晰性，直接关系到大规模数字化项目的实施与推进。旨在保存国内和国际文化遗产的欧洲大规模数字化项目，意味着需要大规模在线公布著作权作品，包括孤儿作品。孤儿作品的使用问题成为数字图书馆建设的一个隐忧，直接导致图书馆等公共文化机构难以利用信息技术的优势来履行其保存和传播知识的使命。2006 年 8 月 24 日，欧盟委员会向欧盟成员国发出倡议，敦促各成员国加快本国文化资源的数字化建设，推动欧洲数字图书馆计划的实施。2008 年 11 月 20 日，一个整合欧洲各国文化遗产数字资源并通过互联网集中发布的门户网站——“Europeana”开始上线服务。到 2010 年年末，共有来自欧盟 27 个成员国的 1500 余家图书馆、博物馆、档案馆、美术馆和其他文化机构为“Europeana”提供了 1500 万件多语种的数字资源并通过该平台对外发布。[1] 根据著作权法的一般规定，对著作权作品进行数字化和在线提供，使用者都应依法获得著作权人许可，而这种授权许可方式对于图书馆实施的大规模文献数字化来说窒碍难行。许多图书馆为了规避侵权风险，多将已进入公有领域的作品作为数字化的重点。

美国谷歌数字图书馆案同样体现了解决孤儿作品使用问题的复杂性与紧迫性。2004 年，谷歌开展了一个将数百万图书数字化的项目，着手“组织世界信息，并使之普遍可用和有用”。谷歌与作者、出版商和图书馆合作，以获得尽可能多的书籍的硬拷贝，每本书都是采用先进的技术手段扫描，以确保图书能够准确有效地数字化而不会被损坏。谷歌的搜索算法和用户界面有助于访问其庞大且不断增长的数字档案。谷歌宣称的目标是将 1000 万本书数字化，但一些估计表明，数字收藏的规模最终可能达到数亿本。

---

〔1〕 翟建雄、邓茜：《孤儿作品的数字化及利用：欧洲的立法与实践》，中国图书馆学会 2012 年年会论文。

在该项目中，谷歌提供可浏览图书的电子复制版，并将图书内容嵌入搜索引擎，其中包括孤儿作品和绝版作品。谷歌图书搜索的用户可以使用关键词和其他标准搜索图书，浏览受著作权保护的图书的片段，并下载公共领域图书的全文复制版，获取书评、参考文献和书目数据等相关信息，甚至可以点击链接向零售商购买图书或在图书馆查找图书。用户在多大程度上能够浏览这些图书主要取决于著作权方面的考虑。如果著作权已过期，并且该书在公共领域中，则谷歌图书搜索用户可以浏览或下载整本书。如果著作权尚未过期，著作权所有者（通常是图书的出版商）可以决定谷歌是否允许用户浏览或下载整本图书。未经现有著作权人的许可，谷歌的默认设置是只提供对每本书中文本片段的访问。无论作出何种选择，作者、出版商和书商都可以与谷歌合作，通过与相关搜索结果一起出现的超链接来促进图书销售，谷歌还可以帮助卖家使用其算法优化产品定价。通过谷歌图书搜索产生的收入由谷歌与其合作伙伴分享。该项目得到了各大图书馆的支持，但谷歌并未获得著作权人或出版商的事先许可。2005 年 9 月，美国作家协会及一部分作者于纽约南区提出集体诉讼，认为谷歌图书项目已经构成侵权。当年年底，一些出版商也在相同法院提出了相关诉讼。[1]

2008 年 10 月，作者及出版商与谷歌达成和解协议。在受到来自众多作者、利益相关者及国外政府的反对后，协议双方于 2009 年 11 月提出了修正后的和解协议。该协议提出，除非著作权人选择退出，谷歌可以通过商业调度扫描[2]数字化使用绝版图书。商业调度包括在线访问、使用订阅数据库中的图书、使用与

〔1〕 See Authors Guild v. Google, Inc. (Goole I), 770F. Supp. 2d 666, 677 (S. D. N. Y. 2011).

〔2〕 扫描调度算法（又称电梯调度法），是计算机磁盘驱动调度的一种方法。

其他服务相关的广告等。和解中还提出要建立一个“图书著作权登记处”，以维护著作权人信息数据库并管理被扫描图书收入的使用。谷歌将代表著作权人提供建立登记处所需费用，登记处则将资金分发给已登记的著作权人。若一段时间后著作权人没有索取相应费用，该笔费用将用于支付寻找著作权人所产生的开销，或捐赠给文学慈善机构。[1] 谷歌和解协议中有关设立图书著作权登记处的建议是一个显著的创新。美国集体管理组织的角色并没有欧洲的重要，协商和获得作品使用许可证的过程在绝大多数情况下都具有个体特征，而无论该作品是否为孤儿作品。在美国2006年和2008年的两个孤儿作品法案中，集体管理组织并没有被赋予特殊职能，也没有新的权利管理组织被创立。合理补偿在侵权诉讼之后应直接支付给权利人。谷歌和解协议所确立的集中授权许可模式，是市场引导交易双方自愿的行为，谷歌或者第三方在“法律允许的范围内”使用孤儿作品无须进行穷尽现有渠道的勤勉搜寻，节省了使用成本。[2] 这为促进使用者对孤儿作品的有效使用作出了有益的尝试。但是，谷歌协议毕竟属于个案，对孤儿作品不能提供效力更高、更稳定的法律保护。[3] 即使谷歌图书和解协议中加入了新的公共利益保障措施，孤儿作品的问题仍然存在，其他人必须面对。

许多评论者认为该和解协议与延伸性集体许可制度高度相似，谷歌和解协议制定了“选择性退出”(opt - out)的许可机制，即除非著作权人明确表示选择退出，否则将被视为默认和解协议中

---

〔1〕 U. S. Copyright Office, *Orphan Works and Mass Digitization*: *A Report of the Register of Copyright*, AOL (Sept. 3, 2016). https//copyright. gov/orphan/reports/orphan - works 2015. pdf.

〔2〕 根据和解协议，图书版权登记处负有寻找孤儿作品权利人的责任。

〔3〕 See Authors Guild v. Google, Inc. (Goole I), 770F. Supp. 2d 666, 677 (S. D. N. Y. 2011).

规定的条款。其与延伸性集体许可制度最大的不同在于该和解只会使一位使用者受益,即为谷歌这一单一个体带来显著的非竞争优势。[1] 谷歌有权在未经著作权人许可(除非著作权人选择退出)的前提下对作品的电子版进行阅览与使用。作品著作权登记处应当收取版税并将版税分发给著作权人,无论著作权人是否授权登记处代其行事。

2011 年 3 月,法院驳回了修正后的和解协议。法院意识到未来该和解可能会导致一种商业调度,此种调度会让权给谷歌,使其更加能够在未经著作权人许可的情况下使用作品。法院对和解中提出的对孤儿作品的处理方式表示担忧,认为"孤儿作品由谁监护、条件如何、有何保护措施,决定权都在国会,而非私人群体"。法院还引用了最高法院的先例,坚持认为"国会有责任在技术发生变化时采用著作权法"。[2]

2013 年 11 月,法院同意谷歌就其合理使用对作家协会要求的索赔进行审理。根据美国 1976 年《著作权法》第 107 条列举的四个合理使用的要素,法院认定"谷歌图书带来了巨大的公共利益",谷歌图书项目能够带来众多益处,其中包括让图书馆、学校、学者及弱势群体有机会接触到书籍,为残障群体阅读带来便捷,培养新读者并增加作者及出版商收入,让老旧书籍不再"尘封在图书馆的书架上",并且其图书扫描项目构成合理使用。法院认为,谷歌"通过使用图书片段促进搜索"的行为是转换性的,因为其"将表述性文本转换成了一个全面的索引,从而让读者、学者和研究者能够找到他们所需的书籍"。法院认为,此类使用并未取代

---

〔1〕 U. S. Copyright Office, *Orphan Works and Mass Digitization*: *A Report of the Register of Copyright*, AOL (Sept. 3, 2016), https//copyright. gov/orphan/reports/orphan – works 2015. pdf.

〔2〕 Authors Guild v. Google, Inc. (Goole II), 954F. Supp. 2d 282, 286 – 287 (S. D. N. Y. 2013).

书籍,因为其并非阅读工具。法院还提到,尽管谷歌对书籍进行了全本复制,也不会对合理使用产生不利影响,因为"谷歌会限制显示文本的篇幅",并且,法院还发现谷歌图书并未对图书市场产生负面影响,因为谷歌对某些页码及段落的"封锁"政策能够防止使用者得到整本书籍,而无论该使用者采用什么方法。[1] 尽管法院认为谷歌图书项目是合理使用,也仍有一些问题有待解决:首先,大规模数字化项目中被截取片段以外内容的使用能否也受到相同保护;其次,大规模数字化项目之外的孤儿作品处理方式并未被提出。

世界正在走向数字化,谷歌图书搜索尽管计划宏大也只是冰山一角,对世界上所有的录音音乐或视觉图像(不仅仅是照片,还有绘画和其他图像)作出类似的努力只是时间问题。

在立法层面,孤儿作品问题对著作权制度所产生的冲击和影响也使得越来越多的国家和地区开始认识到孤儿作品问题的严峻性,或探寻新的制度,或对传统著作权制度作出相应修改,积极探索孤儿作品问题的解决方案。2011 年,欧洲委员会就孤儿作品指导出台了一个议案草案,同时出台一份名为《跨境在线使用孤儿作品的影响评估》的工作文件。在文件中,委员会提到了孤儿作品带来的一些困难,并认为如果谷歌图书和解被认可,欧盟应当立刻提出解决方案,以防止产生与美国间的"知识鸿沟"。委员会提出了几个处理孤儿作品使用问题的政策选择,并对其经济社会影响作出了评估。2012 年,欧盟颁布了《欧洲议会与欧盟理事会关于孤儿作品许可使用特定问题的指令》(以下简称《孤儿作品指令》)。该指令旨在建立一个欧洲系统,以统一孤儿作品的数字传播,从而在印刷书籍的大规模数字化过程中,可能对谷歌等企业产

---

〔1〕 See Authors Guild v. Google, Inc. (Goole II), 954F. Supp. 2d 282, 286 – 287 (S. D. N. Y. 2013).

生吸引力。然而,该指令是为公众教育组织的利益而制定的,不包括孤儿作品商业用途的规定。此外,该指令的主要缺陷在于,它没有提供适当的尽职调查所需的充分解释,因此每个成员国必须自行制定这些要求。[1] 欧盟的立法更多地体现了区域文化整体发展的政策因素,其适用范围较窄,仅适用于特定类型的用户和特定范围的使用。

美国版权局在2012年开始了第二次关于孤儿作品的正式研究,主要探讨《2008年孤儿作品法案》之后该问题在国内及国际范围内的发展情况。美国版权局于2012年10月出版了调查通知书,就法律及商业环境的改变向公众征求意见。此外,该通知书还就应当审议的法律及制度种类向公众征求意见。后来,美国版权局就上述问题收到来自各大利益群体的回复。2014年2月,美国版权局出版了调查通知书,从而获得更多评论以解决回复中出现的问题,并邀请利益群体参加公共圆桌讨论会议。圆桌讨论会议于2014年在华盛顿举行,会议解决了多个公共评论中提出的问题,包括:近期法律及技术的发展使得孤儿作品立法成为一种需要;定义"合理尽职调查"的标准;私人及公共注册登记处的作用;孤儿作品立法中涉及的作品类型,以及摄影作品问题;孤儿作品立法中涉及的使用者及使用类型;孤儿作品赔偿及程序;大规模数字化;延伸性集体许可及大规模数字化;美国集体许可制度的结构及机制。[2]

此后,版权局收到了166份评论,这些评论又涉及了一些范围

---

〔1〕 Martinez. M & Terras. M, Not Adopted':The *UK Orphan Works Licensing Scheme and How the Crisis of Copyright in the Cultural Heritage Sector Restricts Access to Digital Content*, 5(1) Open Library of Humanities 1 - 51(2019).

〔2〕 U. S. Copyright Office, *Orphan Works and Mass Digitization*:*A Report of the Register of Copyright*, AOL (Sept. 3, 2016), https//copyright. gov/orphan/reports/orphan - works 2015. pdf.

较广的观点,在此基础上,美国版权局于 2015 年发布了《孤儿作品与大规模数字化:著作权登记报告》,孤儿作品立法再次提上议事日程。[1] 该报告概述了美国版权局关于孤儿作品立法的建议以及建议背后的理由,许多人称赞,该报告是美国迄今为止解决孤儿作品问题的最佳方案。与此同时,它也受到一些质疑,质疑者认为 2015 年报告提出的解决方案剥夺了作者控制自己作品的基本权利和能力。从美国版权局近几年的调查与研究不难看出,孤儿作品问题同从前一样,仍旧十分普遍且显著。

在如何处理孤儿作品的问题上,我国国家图书馆主要采取发布寻人启事的方式寻找著作权人。这种处理方式不仅持续时间久,而且效率低下。孤儿作品的使用困境在各国普遍存在,有必要通过立法,为孤儿作品带来的现实问题提供有意义的解决方案,而找到解决孤儿作品问题的理性、科学之道,并非一蹴而就。观察、分析和检讨各国孤儿作品立法,对我国立法具有重要的参考价值,但是希望通过套用外国的模式来合理解决孤儿作品的问题毫无疑问是不理智的,我们应该充分考虑我国的基本国情,用逐渐丰富的理论营养,反哺与时俱进的制度,探寻一种适合我国国情的孤儿作品问题解决机制,对孤儿作品的授权、使用规范作出合理、适当的制度设计,以确保孤儿作品在最大可能的范围内得到使用与传播。

我国为了回应技术的发展和商业模式的更新,防范作品权利状态的不稳定性给孤儿作品使用带来的风险,在 2014 年《著作权法》(修订草案送审稿)(以下简称送审稿)中对"孤儿作品"的使用作出了原则性规定,体现了我国对孤儿作品问题的关注已经践

---

[1] U. S. Copyright Office, *Orphan Works and Mass Digitization: A Report of the Register of Copyright*, AOL (Sept. 3, 2016), https//copyright. gov/orphan/reports/orphan – works 2015. pdf.

行于立法层面，但是由于我国对孤儿作品使用制度所蕴含的具体规则缺乏必要的研究和论证，草案只是对孤儿作品的适用范围以及使用费的提存作了些表象性的规定，其表述过于简单，具体制度尚不完善，缺乏可操作性。2020年正式通过的《著作权法》删除了送审稿中关于孤儿作品使用的特殊规定，虽然从公开资料中尚无从得知草案如此修订的目的，但揣测应该是因为孤儿作品使用制度确立的科学性、严谨性和可行性尚待进一步论证，有关孤儿作品使用制度的设立目标、体系、建构方式和框架内容等方面的研究还处于探索之中，对孤儿作品的使用模式、使用规范等问题未达成共识，仓促入法，时机尚不成熟。但是，孤儿作品的使用需求与使用困境在各国普遍存在，有必要通过立法，为孤儿作品带来的现实问题提供有意义的解决方案。

孤儿作品使用制度的设计和实施不是孤立的，它受一国或地区著作权制度的影响，反过来又会促进著作权多项制度的完善。本书以孤儿作品使用制度的设计为研究对象，将实然状态与应然状态均纳入研究视野，力图搭建孤儿作品使用制度的架构，探究其内容的理论基础，根据“提出问题、分析问题、解决问题”的逻辑组织展开，以孤儿作品的使用为主线，对孤儿作品使用的正当性、孤儿作品使用制度的立法理念、制度设计等理论问题进行较为全面的研究，综合考察孤儿作品使用制度适用的社会基础，在把握其他国家及地区的现有成果以及最新发展的前提下，比较分析各国家及地区解决孤儿作品问题的不同立法模式的利弊，深入探讨其理论贡献与缺失，以此为基础，提出我国孤儿作品使用制度在构成上应当坚持的法学理念和理性，检视在信息社会背景下公共文化机构不经著作权人许可，复制与提供孤儿作品的合法性与合理性，并针对我国著作权立法中存在的弊端与缺位，提出因应大规模数字化需求和以符合成本效益的方式将孤儿作品进行商业化利用的解决方案及其法理依据。

本书的研究内容共七章：

第一章是孤儿作品的界定。对孤儿作品的定义、特征以及孤儿作品与其他相关概念的区别进行了深入探析，以推动理论上对相关问题认识的深化。

第二章是孤儿作品产生的历史与现实背景。本章分析了孤儿作品产生的原因以及孤儿作品制度的立法历史。通过还原孤儿作品形成的历史全貌，剖析了孤儿作品形成的著作权制度内的原因和制度外的原因。本章希望通过解读孤儿作品形成的历史与现实原因，揭示各国家及地区承认的孤儿作品解决方案反映的是特定国家的社会历史和政治文化政策，是各国家及地区根据自己的具体情况、衡平各种利益的结果。

第三章是孤儿作品使用的正当性。对孤儿作品使用的正当性解释基本上有两种进路：规范解释和经济解释。前者解释孤儿作品使用制度背后的目标和利益追求。后者借助经济学的方法，揭示孤儿作品使用制度背后的经济根据。

第四章是孤儿作品的使用模式。本章以比较法为视角对不同国家及地区的立法进行观察与分析，系统探讨孤儿作品使用的事前模式和事后模式背后的理论逻辑、特点及其利弊，在研究立法技术对解决孤儿作品使用问题的重要作用的基础上，提出具有建设性的立法建议，以使我国的有关选择既符合信息社会文化产业发展的需要，又能够具有妥当的法理基础和法规则的合理性。

第五章是孤儿作品的使用规范。本章主要探讨了孤儿作品使用制度适用的主体和客体、“尽力查找”的判断标准、孤儿作品的使用费标准等基本问题，以孤儿作品的使用状况为基线，对孤儿作品使用中触及的各种利益关系作出全面分析与论证，以期为孤儿作品立法提供理论依据。

第六章是孤儿作品的合理使用。本章对图书馆和档案馆等公共文化机构非营利性使用孤儿作品构成合理使用的正当性及适用条件进行了充分论证,认为应该发挥合理使用制度在限制孤儿作品著作权行使方面的优势,允许非营利性的公共文化机构可以不经著作权人许可,也无须向其支付报酬,将其馆藏中被适当认证过的孤儿作品数字化,并且将这些作品提供给公众以用于非商业行为,如阅读、浏览和进行学术研究等。

第七章是我国孤儿作品使用制度的路径选择和制度构建。本章探究在信息社会背景下,我国孤儿作品使用制度应该如何设计才能保证使用者从孤儿作品立法的规定中获益,提出在我国现阶段破解孤儿作品使用困境的两种平行解决方案:一是规定图书馆和档案馆等公共文化机构非营利性使用孤儿作品构成合理使用;二是对于使用孤儿作品的个案申请适用强制许可程序。本章提出,要构建中国本土化的孤儿作品强制许可制度,首先应明确孤儿作品立法的价值目标和制度功能;其次应设计具有可操作性的制度和完善的组织架构,对孤儿作品强制许可制度作出精细和严谨的规定;最后本章参照国家知识产权局 2012 年公布的《专利实施强制许可办法》和司法部 1995 年颁布的《提存公证规则》中有关程序性的规定,结合孤儿作品的特点,拟定了一份《孤儿作品强制许可实施办法》(建议稿),以期作为将来立法的参考。

第一章 孤儿作品的界定

“孤儿作品”是一个功能性的而不是天然的称呼。一部作品只有被尽力查找后无法确定著作权人，才能称作“孤儿作品”。孤儿作品概念是研究孤儿作品法律问题和进路选择必不可少的工具。

一、孤儿作品的概念

任何关于著作权人身份或其下落的不确定性都会对作品的权利状况产生巨大影响，因为国际公约规定，作品的保护期限不以创作、出版或注册的日期为准，而是以作者去世后若干年为限。关于孤儿作品的概念，有学者认为，孤儿作品是指对于尚在著作权保护期内的作品，使用者虽然经过勤勉的努力寻找但是仍然无法找到该著作权人的作品。[1] 也有学者认为，孤儿作品仅指那些仍受著作权法保护、作者身份不明的作品，但不包括作者身份明确但下落不明的作品。[2] 有学者进一步认为孤儿作品是一个主观概念。无论著作权人客观上是否能够被找到，只要使用者根据法律的规定，尽力查找著作权人而未能找到，该作品即属于孤儿作品。[3] 还有学者提出孤儿作品名不副实，应当用“人质作品”的称谓取而

---

〔1〕 袁泽清：《论孤儿作品的利用与保护》，载《西南民族大学学报（人文社科版）》2008 年第 2 期。

〔2〕 董慧娟：《孤儿作品的利用困境与现行规则评析》，载《中国出版》2010 年第 18 期。

〔3〕 王迁：《“孤儿作品”制度设计简论》，载《中国版权》2013 年第 1 期。

代之,并且需要特殊的力量去解放约束这些作品的因素,促进作品的传播。[1]

有关国家和地区的立法或立法草案是以主观方式界定"孤儿作品"概念的,其在概念的界定中明确了孤儿作品的构成要件。例如,美国版权局《2006年孤儿作品报告》指出:"孤儿作品"这一术语被用于描述使用者想要通过获取著作权人的许可去利用一个仍受著作权保护的作品,却无法确认著作权人身份或者找不到著作权人的情况。[2] 然而,这一定义从未被收入法典或正式采用。美国版权局2015年发布的《孤儿作品与大规模数字化:著作权登记报告》对2006年报告的孤儿作品定义进行了注释和扩展,认为"孤儿作品"是原创作品,在法律规定需要获得著作权人许可的情况下,出于善意对其进行使用的潜在的作品使用者无法认定和/或找到著作权人。《孤儿作品指令》第2条将孤儿作品定义为:无法确定权利人,或者即使能够确定其中一个或者多个,但经过勤勉查找,一个权利人也无法找到的作品。[3] 欧洲图书馆《关于孤儿作品尽职调查指南》认为孤儿作品对于著作权人而言,作品是"孤儿",其使用许可是必须的,并且不能根据尽职调查指南识别或定位。根据著作权人的类型(客观),这项调查必须是善意的(主观的)和合理的。[4] 我国2014年基本接受了学界对孤儿作品的定

---

〔1〕 Ljdia Pallas Lorent, *Abandoning the Orphans: An Open Access Approach to Hostage Works*, 27 Berkeley Technology Law Journal 1431 (2012).

〔2〕 Register of Copyrights, *Report on Orphan Works* (Jan. 2006), https //www.copyright. gov/orphan/orphan report. pdf, p. 15.

〔3〕 *Directive* 2012/27/*EU of the European Parliament and of the Council of* 25 *October* 2012 *on Certain Permitted uses of Orphan Works*, https//ec. europa. eu/internal_market/copyright/orphan_works/index_en. htm.

〔4〕 The European Digital Libraries Initiative, *Sector – Specific Guidelines on Due Diligence Criteria for Orphan Works* (2008), at p. 3, https//ec. europa. eu/information_society/activities/digital_libraries/doc/hleg/orphan/guidelines. pdf.

义,只是表达稍有不同,虽然没有对孤儿作品下明确的定义,但是界定了孤儿作品的构成要素,即著作权保护期未届满的已发表作品,著作权人身份不明或著作权人身份明确但无法联系,使用者尽力查找权利人无果。此外,还有一些国家的著作权法也规定了孤儿作品条款。[1]

根据上述定义可以发现,孤儿作品并不是指作品没有著作权人,而是指著作权人不确定或者虽然确定但找不到著作权人的作品,当然也不排除有些孤儿作品可能的确没有著作权人。“孤儿作品”是原创作品,在法律规定必须获得著作权人许可的情况下,潜在用户无法轻易识别和/或找到著作权人。“orphan works”(孤儿作品)的用语,在表达上述问题时也许并不太恰当。就自然人来说,孤儿不仅指父母的身份或所在地不明的情况,也包括父母死亡的情况。而在著作权问题上,作者虽死亡,但权利关系非常明确,不属于孤儿作品所要解决的问题。但是,这一表达在国际上普遍被使用,因此本书也使用“孤儿作品”的表达。

我国有学者将“orphan works”译为“无主作品”[2],笔者认为此表达欠妥。“孤儿作品”这一术语在国际上已被普遍使用,为避免产生歧义并规范立法语言,未来我国著作权法修改时,宜采用“孤儿作品”概念。法律概念是对某一事物或现象的高度概括,具有专业性、准确性和科学性。孤儿作品与无主作品是两个内涵完

---

〔1〕 加拿大《著作权法》第 77 条规定:“孤儿作品是指申请人希望使用仍在保护期内,但尽合理努力而仍然无法确定著作权人的已出版的作品、已固定的表演、已出版的录音制品及已固定的传播信号。”日本《著作权法》第 67 条(1)将孤儿作品界定为已经发表的作品或者经过一定期间提供或者提示给公众的事实明显的,由于著作权人不明或者其他类似原因,根据政令规定付出相当的努力仍然无法和著作权人取得联系的作品。

〔2〕 肖少启:《我国无主作品著作权保护的路径选择与制度构建》,载《政治与法律》2016 年第 8 期;汤妮燕:《我国无主作品著作权保护的司法困惑与破解路径》,载《河北法学》2015 年第 1 期。

全不同的概念。孤儿作品是从著作权人身份是否明确、是否能够查找的角度来认定的，其著作权人在客观上是存在的，只是暂时不为使用者所知而已，因此，孤儿作品的著作权人可能会重新出现，这与无主作品或者无主财产的概念不同。著作权人死亡，但身份明确，无权利继受人的，应作为一种无主财产，而不能将其作为孤儿作品对待。无主财产概念已被广为接受并在民事法律体系中得以体现和运用。如果将“orphan works”翻译为“无主作品”，容易导致概念不清晰、逻辑不周延，特别是会导致与无主财产概念的混淆。因此，本书将“orphan works”称为“孤儿作品”，特指著作权人身份不明或身份明确，但尽力查找无果的作品。

我国有学者将孤儿作品分为真正的孤儿作品、表见性的孤儿作品和伪称性的孤儿作品[1]，认为表见性的孤儿作品属于孤儿作品，而真正的孤儿作品应直接归入公共领域。笔者认为，这种对孤儿作品的分类与定性对于解决孤儿作品问题并无裨益，值得商榷。处于公共领域的作品，无论作者身份是否明确，均不受著作权法保护，因此当然不在孤儿作品著作权保护讨论之列。而所谓伪称性的孤儿作品根本就不属于孤儿作品。将孤儿作品分为表见性的孤儿作品和真正的孤儿作品容易导致问题复杂化，因为孤儿作品的著作权人在事实上是否存在本就难以确认，实践中要将两者加以区分难度很大。

笔者认为，唯一能够认定孤儿作品的标准就是著作权人身份或住所地无法确认或难以确认。至于著作权人客观上是否能够被找到、著作权人是否会复出，并不会对孤儿作品条款的适用产生影

---

〔1〕 伪称性的孤儿作品是指使用者在没有尽力查找的情况下，自称某作品是孤儿作品。表见性的孤儿作品是指使用者通过尽力查找，但无法确定权利人身份和下落的作品，但事实上，著作权人可能重新出现。真正的孤儿作品是指著作权人根本不存在的作品。参见周艳敏、宋慧献：《关于孤儿作品著作权问题的立法设想》，载《电子知识产权》2011 年第 3 期。

响。孤儿作品实质上是一个主观概念。因为著作权人在客观上总是真实存在的,只是其身份和联系方式暂时不为人所知而已。只要使用者尽力查找著作权人未果,该作品即属于“孤儿作品”,而无论著作权人客观上是否能够被找到,也就是说,孤儿作品的认定,并不以著作权人客观上确实无法找到为必要条件。

另外需要注意的是,如果使用者就许可使用与著作权人进行了沟通,但未能获得许可或在合理时间内没有收到回复,这是否会使作品成为孤儿作品?在这种情况下,著作权人的身份及其联系方式是能够掌握的,也就是说,著作权人未能对“任何查询或其他通信”作出答复,著作权人的不回应不足以构成尽力查找。但是,如果著作权人对多个请求及调查不回应,则足以构成使用者为查找孤儿作品而进行的尽力查找。一个潜在的使用者可以提出合理的理由,认为向著作权人的最新一个已知地址提交的许可请求多次未得到答复,表明著作权人无法“找到”。如果著作权人无法“找到”,而且使用者已经进行了其他认真的搜索,则该作品可以被认定为孤儿作品,这样规定可以使著作权人承担起积极的义务,对所有的作品使用许可请求作出正面答复,这虽然会对著作权人造成新的负担,使其承担对所有许可申请作出回应的肯定义务,但是对于避免作品被误认为孤儿作品仍具有积极意义。

此外,作品的著作权人虽然死亡,但权利关系清晰,也不属于孤儿作品。这种情形不应当通过立法解决,否则会破坏著作权法的基本原则,因为著作权人有权在任何特定的时间和范围内行使自己的专有权,包括授权或不授权他人行使自己的专有权利。在著作权人身份明确且能够找到的情况下,妨碍著作权人根据自由意志设置作品的使用条件是错误的。因此,本书所提及的孤儿作品仅适用于著作权人不知名或知名但无法查找的作品。

二、孤儿作品与相关概念

（一）匿名作品

匿名作品是指作者不署名或署笔名、假名的作品。我国《著作权法》第10条第1款第2项规定：“署名权，即表明作者身份，在作品上署名的权利”。作者享有是否表明作者身份以及如何表明作者身份的权利。匿名作品的作者在发表该作品时，向出版者提供了联系方式，并能据此核实著作权人身份的，不属于孤儿作品。只有在作品上没有署真实姓名，并且通过正常的途径无法对其作者身份进行核实，如投寄到出版社或报刊社的照片或手稿中没有署名，也没有说明联系方式，才可能属于“作者身份不明的作品”或“孤儿作品”。因此，匿名作品既包括使用者可能通过笔名、假名或其他信息找到著作权人的作品，也包括使用者无法通过已有信息查询真实著作权人的作品。只有后一类作品才属于孤儿作品。

（二）作者身份不明的作品

作者身份不明的作品是用“身份不明”来概括作品权利人的信息处于缺失状态，这种表达并不严谨，作者身份不明特别强调身份的辨别，因此，作者身份明确（如署名真实或者知晓权利人身份信息）但找不到作者的作品，不属于作者身份不明的作品。一般而言，作者身份不明的作品在实践中包括两种类型：一种是作者虽然身份不明（如匿名作品），但使用者可以找到作者（如根据出版社的相关信息），则使用者可以通过与作者自由协商获得授权许可；另一种是使用者不能通过作品的有限信息找到作者或者原件所有人。这两种类型的作品应属于孤儿作品。我国《著作权法实施条例》第13条规定：“作者身份不明的作品，由作品原件的所有人行使除署名权以外的著作权。作者身份确定后，由作者或者其继承人行使著作权。”将“作者身份不明的作品”与“作品原件”进行特定关联，针对原件所有权人明确但作者身份不明的作品的著作权归属作出规定，其适用范围在实践中相当狭窄，对于那些作者身份不明且无法确认原件所有人的作品的著作权归属与利用问题，法律并没有作出清晰规定。此外，我国著作权法对于如何判定“作者身份不明”，并没有作出明确规定，究竟是单纯以作品标注的著作权信息来进行认定，还是应结合使用者的尽力查找标准，尚需法律进一步明确。显然，孤儿作品、匿名作品和作者身份不明的作品这三者之间存在交叉区域。

（三）非流通作品

非流通（out-of-commerce）作品，又称绝版作品，是指曾经发行过，但现在已经不再进行商业印刷和不能通过传统的商业渠道向公众提供的作品。当整个作品或其他客体的所有版本及其译本不存在通过商业性渠道向公众提供的可能性时，这类作品便可以被视为非流通作品。非流通作品因为存量稀少且不再生产，具有较高的保存价值。2019 年 3 月 26 日欧盟议会通过的《单一数字市场版权指令》第 8 – 11 条规定了非流通作品的使用保护。“孤儿作品”一词与“非流通作品”可以同时存在。孤儿作品中有很多是年代久远、已不在市场上流通的作品，因此，孤儿作品可能是非流通作品，非流通作品也可能是孤儿作品。两者的区别主要在于非流通作品是指该作品在传统的商业市场无法自由购买，其著作权人可能为公众所知晓也可能无法被确认，而孤儿作品则强调该作品的著作权人无法查找。

本章小结

作为本研究基础的孤儿作品，是一个主观概念，具体是指不在公共领域的原创作品,其著作权人的身份和位置在经过尽力查找后无法被作品的潜在使用者识别、定位和/或联系。具有两个构成要件:一是该作品仍受著作权法保护;二是该作品的著作权人身份不明或者身份明确但是无法联系。

第二章　孤儿作品产生的历史与现实背景

没有一种理由可以解释为什么一些作品会成为孤儿作品。孤儿作品可能发生在任何领域,如由图书馆或档案馆存留的一些未发表的作品(如私人信件或日记)、私人拥有的专业摄影师拍摄的家庭照片、制片人摄制的视听作品改编自多年前出版的作品等,在这些情形下,作品都可能因为著作权人无法查找而不能被合法使用。

一、孤儿作品产生的历史原因

孤儿作品的产生是在特定时空条件下,特定社会的各种因素相互作用的结果。从著作权登记制度与著作权保护期限的历史演变中,我们可以发现制度变化对孤儿作品的形成所产生的影响。

15 世纪活字印刷术在欧洲的使用导致图书价格的下降,使得普通人同样有能力购买书籍,从而打破了精英集团对文化的垄断,促进了知识和文化的传播。

古登堡之前,整个欧洲大陆大约只有 3 万册图书,大部分为《圣经》或圣经评注,这类宗教艺术作品常常是匿名出版的,或者其作者身份归于国王或缪斯女神这种虚构的实体。[1] 到了 1500 年,各类题材的图书猛增到 900 多万册,各种传单和其他印刷物的

---

〔1〕［美］理查德·A. 波斯纳:《法律与文学》,李国庆译,中国政法大学出版社 2002 年版,第 508 页。

发行推动了当时的政治、宗教、科学以及文学的发展。[1] 1538 年，英王亨利八世首创了英国的图书许可制度，即任何人不得印刷未经枢密院或其他机关批准的图书。1546 年，亨利八世再次下诏确立了一项全新的图书审查办法，即任何英文图书、歌曲和剧本的印刷，必须标明印刷者和作者的姓名以及印刷日期，同时必须在发行之日 2 天内向其居住地的市长提交一份样书。[2] 英王玛丽一世于 1557 年授权建立伦敦书商公会。为协助执行图书的出版许可制度，书商公会建立了一项许可登记制度。[3] 此后，书商公会凭借这种图书登记制度，在执行政府图书许可制度的同时得以有效地维持图书贸易的秩序，而个别的出版商借此获得可靠的制度保障进而产生稳定的投资预期。图书登记的性质，也从原来意义上的出版许可的记载，发展成为专有出版权利的登记和公示制度。[4] 1637 年，星室法庭颁布的《图书管理法令》规定，任何材料的印刷都必须依法得到许可并且申请书商公会登记造册，从而进一步明确了书商公会对图书贸易的管理权力。可以说，英国亨利八世首创的图书审查和许可制度对于控制言论、明确作者身份、公示权利和维护图书贸易秩序起到了一定的积极作用。1710 年的《安妮法》再次确认了书商公会的图书登记簿是版本所有权的正

---

〔1〕 有关印刷术的文化影响，参见 Elizabeth L. Eisenstein, *The Printing Press as Agent of Change: Communications and Cultural Transformations in Early-modern Europe*, Cambridge University Press, 1979。转引自黄海峰：《知识产权的话语与现实——版权、专利与商标史论》，华中科技大学出版社 2011 年版，第 7 页。

〔2〕 黄海峰：《知识产权的话语与现实——版权、专利与商标史论》，华中科技大学出版社 2011 年版，第 16 页。

〔3〕 根据这一制度，书商公会的成员印刷出版书籍，必须事先获得政府相关当局的许可，在登记了图书名称和出版商名称之后才能印刷发行该图书。

〔4〕 黄海峰：《知识产权的话语与现实——版权、专利与商标史论》，华中科技大学出版社 2011 年版，第 19 页。

式记录，而图书登记也就成为主张和捍卫著作权的前提条件。[1] 从英国图书审查与许可制度的演变可以看出，登记制度对于公示权利和确认作者身份具有一定的意义，同时也在某种程度上避免了作品成为孤儿作品。

美国 1870 年《著作权法》将著作权登记机关从联邦地区法院转移至国会图书馆，要求每一享有著作权的作品应交存两套图书——其中一套作为登记的证据，另一套则放入国会图书馆收藏。这种登记既可以作为出现法律纠纷时具有价值的初步证据，同时也反映了美国内战之后对于保存国家传统的渴望。

我国 1910 年清政府颁布的《大清著作权律》规定了著作权注册取得制度、标明权利标记要求、权利变化等事项的呈报制度。这些构成了《大清著作权律》的核心内容，有关规定达 11 条之多，占全编1/5。[2] 《大清著作权律》规定的注册和呈报等制度，保证了使用者可以前往官署查阅。如果著作权人不履行注册和呈报的义务，则作品将进入公有领域，不再受著作权法的保护。因此，可以合理推测，在《大清著作权律》颁布的清朝末年，我国孤儿作品产生的概率较小，孤儿作品的产生主要是基于事实性的原因，如著作权人死亡而未及时申报或其继承人未及时注册等。此外，我国 20 世纪上半叶特殊的社会环境，导致大量的作品信息灭失，作品被大量损坏销毁，使著作权人的信息无法查找，从而产生很多孤儿作品。

“孤儿作品”产生的制度原因主要是当代著作权法中奉行的

---

〔1〕 John Feather, *Publishing*, *Piracy & Politics*: *An Historical Study of Copyright in Britain*, Mansell 1994, p. 61 – 62. 转引自黄海峰：《知识产权的话语与现实——版权、专利与商标史论》，华中科技大学出版社 2011 年版，第 25 页。

〔2〕 王兰萍：《近代中国著作权法的成长》，北京大学出版社 2006 年版，第 137 页。

权利自动保护原则。[1] 1908年《保护文学和艺术作品伯尔尼公约》(以下简称《伯尔尼公约》)柏林修订文本排除了以登记或注册作为著作权取得的条件。[2] 由于著作权具有地域性,自动保护原则确立的初衷在于减少作品因地域性导致的程序负担,但这一规定却增加了查找著作权人的难度,提高了确认著作权人身份所需的追踪成本。[3] 这些变化逐渐减轻了著作权人维护其权利的义务,并且移除了为使用者提供已有著作权信息的正式法律形式,导致确定作品信息时得出的结论不够准确和全面,这就如同土地的所有权如果没有在公共登记机关进行登记,则确定一片土地的所有权也将付出很大的追踪成本。

导致高昂的追踪成本的原因是缺乏登记。因为在登记制度下,著作权人必须向登记机关提供其住址,并且在其住址发生任何变动时通知登记机关,受让人同样必须将其信息提供给登记机关。在这个前提下,无论是以著作权人姓名还是以享有著作权的作品的名称(作品本身可能并未披露其原始著作权人的姓名)在登记机关进行检索,都将查明其当前著作权人的地址、代理人等,以便向其寻求许可,而登记制度的缺失让善意使用者不再有安全的港湾。

美国1976年《著作权法》对著作权保护最重要的变化在于首次确立了著作权自动保护原则。而在此之前,美国著作权法实施

---

〔1〕 吕炳斌:《区块链技术能否解决"孤儿作品"版权难题》,载《学术前沿》2020年第5期。

〔2〕 1908年《伯尔尼公约》柏林修订文本第5条第2款规定:"享有和行使依国民待遇所提供的有关权利时,不需要履行任何手续。"

〔3〕 追踪成本是指在使用受著作权保护的作品之前,使用者必须先追踪到著作权人,并征求其同意,由此而支付的各种费用、时间、精力及各种风险的总和。若搜寻交易对象及与其协商的成本高于预期所得,则此交易根本不会发生。See Robert Cooter & Thomas Ulen, *Law and Economic*, 6th edition, Addison Wesley Longman Inc., 2011, p. 136.

了100多年的著作权登记制度，对著作权保护设置了严格的前提条件，作者必须在作品创作完成后履行法定的义务才能享有全面的著作权保护，如到相应的行政机构或组织对作品进行注册、向国会图书馆提交作品副本、在作品上标注著作权标识“©”、经过一定的保护期后需进行续展注册等。[1] 为了和《伯尔尼公约》保持一致，1976年《著作权法》取消了一切享有和行使著作权的前置条件。作品从固定在一个有形载体的那一刻起自动获取著作权保护。这标志着美国《著作权法》“从一个有条件的选择进入制度向一个无条件选择退出制度的巨大转变”[2]。值得一提的是，美国1976年《著作权法》，虽然取消了续展注册要件的要求，但是根据该法第411条及第412条的规定，登记虽然不是获得著作权的前提，但却是有效的诉讼证据。在侵犯著作权的诉讼中，法院都将把有关作品是否已登记，视为确定有关当事人是否享有著作权的首要证据或唯一证据。如果声称自己享有著作权的人未曾登记，则法院不承认他有权诉其他人侵权。[3] 除美国等少数国家之外，在著作权法中对“登记”作出了一般规定的国家，其中大部分采用的是“选择登记制”，即不以登记作为获得著作权的前提，而是把登记作为证明著作权实际归属的手段。[4]

我国1990年《著作权法》受《伯尔尼公约》影响，在著作权的

---

〔1〕 Christopher Sprigman, *Reform(aliz)ing Copyright*, 57 Stanford Law Review 485 (2004).

〔2〕 Register of Copyrights, *Report on Orphan Works* (Jan. 2006), https//www.copyright.gov/orphan/orphan report.pdf, p. 47.

〔3〕 郑成思：《版权法》（上），中国人民大学出版社2009年版，第101页。

〔4〕 如日本《著作权法》第75条规定：“不署名或以假名发表作品的人，可以就其作品登录真实姓名。”这是最典型的以证实归属为目的的登记。埃及《著作权法》第48条、印度《著作权法》第13条、菲律宾《著作权实施条例》第14条等都明文规定，作者或其他著作权人可就其作品提交登记，但不登记并不导致著作权的灭失，也不影响著作权的获得，这是典型的选择登记制。参见郑成思：《版权法》（上），中国人民大学出版社2009年版，第102页。

取得问题上，采用了自动取得主义，即作品一经创作完成，就自动取得著作权，著作权人可以进行登记，但是登记不是权利取得的必要条件，也不具有对抗第三人的效力。[1] 显然，这种自愿登记制度难免会成为孤儿作品产生的温床。

孤儿作品的产生除了归因于著作权登记制度的取消之外，著作权保护期的延长也在一定程度上加剧了孤儿作品现象。著作权法在私人产权与公共领域之间的界线，随着各个国家对待文化的态度变化而移动。著作权保护期限不断延长就是一种法律上的人为设定，而非自然存在的现象。从最初的《安妮法》规定著作权保护期为 14 年（可续展 1 次，续展期为 14 年）开始，著作权保护期一直在延长。1993 年 10 月，欧共体理事会通过了《协调著作权和某些邻接权保护期的指令》，要求成员国对著作权提供作者有生之年加 70 年的保护。美国 1998 年颁布的《松尼 · 波诺著作权期限延长法案》将著作权的保护期延长到作者终身及死后 70 年。

确定著作权保护的最佳期限，必须要在更长期限的激励作用与管理成本、接触成本之间进行边际衡量。通常情况下，作品的商业价值会随时间的推移而降低。[2] 例如，1930 年美国出版的 10,027册图书中，到 2001 年只有 174 册还在印行——只占 1.7%。[3] 这些数据表明，大多数作品的著作权迅速贬值。当然，不同类型的作品其著作权折旧率是不同的。例如，音乐作品著作

---

〔1〕 我国自 1991 年开始实施《著作权法》以来，曾采取过计算机软件保护的“准强制登记制度”，按照这种制度，不履行登记手续虽然在理论上仍产生著作权，但难以依《计算机软件保护条例》到法院维护自己的专有权。但这种“准强制登记制度”现已改成“选择登记制”。参见郑成思：《版权法》（上），中国人民大学出版社 2009 年版，第 102 页。

〔2〕 对于其他特殊领域的使用者而言，如历史学家、档案学家、考古学家来说，作品的价值则不会受时间影响。

〔3〕 ［美］威廉 · M. 兰德斯、理查德 · A. 波斯纳：《知识产权法的经济结构》，金海军译，北京大学出版社 2005 年版，第 272 页。

权的折旧率很低,因为音乐作品主要由音律组成,即使有文字,也常常是该作品的一个次要因素,并且可能形成数量无穷的各种不同组合,从而比图书更能适应于不同时期和不同的品味,而图形类艺术作品,除了少数的例外(如米老鼠),则被认为具有很强的时间性,因为它们通常是与特定的广告活动或者产品周期相联系的。

主张可享有著作权的知识财产都应当在经过不长于为创作新作品而形成社会性有效激励所必需的年份之后,即从私人所有权中被抽取出来,置于公共领域之中,[1]而著作权保护期的延长可能在事实上扩大了孤儿作品的数量,因为找到某些著作权人的可能性变得微乎其微,越来越多的著作权人消失在人海中,增加了孤儿作品大量出现的可能性。此外,如果作者未及时更新个人信息,使用者查找著作权人的成本会随着著作权期限的延长而增加。

除了著作权自动保护和著作权期限延长这两个主要的制度因素,还有一些法律规定也会导致孤儿作品的产生。比如署名权的规定,作者可以以任何方式署名,也可以不署名。如果作者署假名或不署名,无疑会增加使用者寻找作者的难度。

由此可见,著作权法律制度的发展某种程度上造成了使用者和著作权人信息的不对接,给公众使用作品和查找著作权人增加了更多的不确定因素,从而加剧了孤儿作品问题。历史的考察有助于帮助我们重新思考过去的经验,然后斟酌今后取舍的方向。所有这些变化都导致了进入公共领域的作品出现了相当大的延迟。在没有相应的强制性注册要求的情况下,著作权的扩张意味着更多的作品可能受到保护,从而导致公共领域的崩溃。

二、孤儿作品产生的现实原因

著作权人信息不足以及网络数字化的发展是孤儿作品产生的

---

〔1〕［美］威廉·M. 兰德斯、理查德·A. 波斯纳:《知识产权法的经济结构》,金海军译,北京大学出版社 2005 年版,第 273－274 页。

现实原因。孤儿作品存在的根源在于缺乏有关个人作品的信息，这些信息缺失背后的原因可能多种多样，错综复杂，而且往往是自然生活和商业事件的无意结果。例如，出版商或其他制造商可能会进入破产管理，没有留下任何与作者、艺术家有关的信息；创作者的财产可能在其死亡后几年内无法确认；插图、设计和艺术品可能没有任何可确认的作者信息等。当著作权权属记录丢失，作品出处链断开或者公共文化机构存储的项目没有关于作品出处或著作权的元数据时，产生孤儿作品是一种自然结果。具体包括以下几个方面：

1. 著作权人自身原因。如著作权人对其权利的抛弃与懈怠，会导致孤儿作品的产生。

2. 作品本身缺乏识别著作权人的足够信息。著作权人所享有的署名权包括在作品上属笔名、假名甚至不署名，这也增加了使用者查找著作权人的难度。如果作品上未标注著作权信息，或者作品上所标注的著作权信息不详或是不实就很容易形成孤儿作品。例如，一般情况下，一些极具学术和文化价值的作品，如纪录片中的照片、文件、录音等因缺乏关于著作权人的识别信息很容易成为孤儿作品。

3. 著作权人情况变化。即使是著作权信息全面的作品，由于原始著作权人通讯地址变化，并且也没有任何新住址的记录；或者著作权已转让给新的权利人，甚至多次转让，根据已有的线索，没有足够的信息知道新的权利人的姓名和/或住址；著作权人已经死亡并且有关著作权人死亡的信息无从发现；或者享有著作权的法人合并、分立、重组、破产而导致权利转让链断层，使潜在的使用者缺乏足够的信息知晓作为法人资产之一的著作权归属情况，在这些情形下，追踪著作权人所需的成本也可能提高到一个较高的水平。

4. 信息搜索资源的局限性。潜在使用者一般利用的搜索信息资源包括网络检索、电话号码簿、官方著作权登记机构等。信息搜索资源有限是我国面临的一个重大问题。我国1990年《著作权法》确立了自动保护原则,作品一经创作完成,不需要履行任何注册或登记程序就能自动获得著作权。我国国家版权局虽然在1994年颁布了《作品自愿登记试行办法》,但是,由于自愿登记既不具有任何法律对抗效力,也不是维权依据,因此对著作权人而言并无吸引力。尽管近些年来,作品信息搜集得到了一定重视,[1]但是由于长期以来,无论是在文化上还是在法律上,我国著作权人都未养成登记其著作权信息的习惯,因此,我国的信息搜索资源仍然十分有限。由于没有作出相关调查,本书不能给出我国孤儿作品数量的确切数据,但根据分析,我国在权利人信息查询途径方面与制度相对完善的国家还有差距,因此,可以合理推测,我国潜在的孤儿作品数量相当庞大,而要在我国建立完善的信息搜索系统任重而道远。

5. 数字技术的发展,增加了孤儿作品产生的概率。在互联网上,任何网民都能很容易地创作并发表作品,并且,多数作者的创作意图是自由地表达思想,并未顾及作品的商业价值。所以这些为表达而创作的作品通常不署名或署假名。在经过若干次的传播与使用后,这类作品的原始出处就更难考证。此外,不少网民将他人享有著作权的作品擅自上传,甚至会故意删除权利管理信息,这也会带来孤儿作品。

---

〔1〕 例如,2009年,音乐著作权协会提供了数字音乐注册服务。同年,《计算机软件著作权登记档案查询办法》颁布,并启用了《中国版权保护中心著作权登记管理信息系统》,权利人可以向版权中心登记计算机软件著作权及其他类型作品的著作权。

本章小结

孤儿作品利用困境的形成，不仅具有法律制度上的深层次原因，还被技术因素影响。[1] 孤儿作品有其特定的产生原因和发展过程，而在此过程中产生的孤儿作品的各种复杂性和可能性都将直接影响对孤儿作品使用制度的理性认识与思考。

---

〔1〕 吕炳斌:《区块链技术能否解决“孤儿作品”难题》,载《人民论坛·学术前沿》2020 年第 5 期。

第三章　孤儿作品使用的正当性

“正当性”是法律理性思考的要素之一。何为“正当”？按照中国古人的理解，“正”是指正中、适宜，[1]而“当”亦有恰如其分之意。自古以来，东西方国家或是从伦理道德角度，或是从法律角度去诠释行为的正当性。对正当性的追求始终是制度设计中的要素之一。未经著作权人许可使用孤儿作品是对孤儿作品著作权的限制，势必会剥夺孤儿作品著作权人的部分权利，因此，设计孤儿作品使用制度必须考察其正当性。

一、财产概念的解读

著作权不断发展的绝对保护主义观点常常从财产保护的用语中借鉴一些词汇，特别是“所有权”或“财产权”的概念。将财产的概念应用于著作权时，应当根据来源而讨论权利。[2] 根据来源定义私有财产关系可以促使我们理解任一来源所引发的财产关系的特殊性。这样，财产的属性协调了财产关系，并勾勒出特定财产关系的特征。在私有财产法中，所有的财产权并不是等同的。世界各国的普通法与市民法都有各种各样的私有财产制度，允许不同的资源有不同的财产利益，从最强的利益到最弱的利益。无论是

---

〔1〕 广东、广西、湖南、河南辞源修订组等编：《辞源》，商务印书馆2004年版，第1662页。

〔2〕 [加]大卫·拉梅蒂：《关于版权保护期》，载[加]迈克尔·盖斯特主编：《为了公共利益——加拿大版权法的未来》，李静译，知识产权出版社2008年版，第349页。

根据普通法的财产概念(例如,不动产的产权原则或私有财产的所有权以及占有原则),还是根据市民法的财产权理论框架,都可以看到不同的权利、限制和责任的财产制度。它们中有些权利更强一些,有些更弱一些;有些没有期限限制,有些则有。私有财产原则根据财产客体是动产或不动产、有形的还是无形的、可替代的还是不可替代的,而有所不同。私有法律体系解决了这些问题,虽然很复杂,但可以合理地得出结论:财产制度根据内容的不同而不同。引申而言,我们需要了解著作权保护的作品的类型,评估适合该作品的财产关系类型的特征,根据不同作品的性质适用不同的保护模式。

在对待丢失物或抛弃物的问题上,财产法有时通过给予最先行动的搜寻者以展开搜寻行为的专有权,从而缓解寻租问题。所以,在 Treasure Salvors, Inc. v. Unidentified Wrecked & Abandoned Sailing Vessel 案中,法官认为:“那些将丢失物或者抛弃物实际回复占有的人,以及那些积极地并有能力为此付出努力的人,他们应当在法律上受到保护。”[1]孤儿作品的使用者在“打捞”似沉船一样的孤儿作品的过程中所付出的努力同样应当受到保护。

需要强调的很重要的一点是,没有权利是不受限制的,即使是所有权。所有者有义务使有价值资源里的重要财产权利具有法律效力并保持这种效力。所有者必须——特别是当该来源更有经济价值时——采取积极措施来维持权利。

一个多世纪以来,登记制度已成为取得土地和房屋的利益的原则,对一些财产形式,要求最小地使用或维持。例如,加拿大私有法律制度中的原则允许在特定情况下因另一人占有该客体而丧失财产权(因为疏忽或错误)。某人的财产客体是有价值的资源,

---

〔1〕［美］威廉·M. 兰德斯、理查德·A. 波斯纳:《知识产权法的经济结构》(第2版),金海军译,北京大学出版社2016年版,第20页。

它属于该个人,具有排除性,要么使用,要么丧失权利。[1] 从这个角度来看,著作权(所有权)不应因为使用了"所有权"这个词而被视为绝对的权利。像观察传统财产来源一样,我们需要从著作权法中寻找知识来源,观察该来源的价值,并因此来判断权利的活跃程度(根据权利范围和涉及面)和需要采取什么措施使权利更规范。

在经济学分析的领域中,财产权的基本目的是确保有限资源能被分配给最重视该资源的人。[2] 因此,作为一种财产权,著作权提供的是一种适当的保护。在此保护范围内,若个人的生产创作可视为对资源最有价值的利用,则著作权即可确保该生产创作的进行。[3] 就有效率的资源配置而言,只要使用者使用作品所获得的价值超过创作该作品的社会成本,则继续生产创作受著作权保护的作品是有意义的。

对财产概念的考察,得出的结论是财产权应扩展至人们能够从作品中获得享受和价值的任何领域。若不对此赋予财产权,就会剥夺生产者获得其据以决定并指导投资方向的关于消费者偏好的信号的权利。只要许可使用的谈判成本不至于过高,著作权就应当扩展于经济价值的每一个角落。但是,权利持有人有一定的责任来证明权利的持续有效性。同理,由著作权人自己来承担某些确认和保护有持续价值作品的责任是很重要的。孤儿作品的著作权人在没有履行该责任的情况下,应当承担对其不利的法律后果,应容忍法律对孤儿作品的著作权所进行的适当限制,以满足使

---

〔1〕[加]大卫·拉梅蒂:《关于版权保护期》,载[加]迈克尔·盖斯特主编:《为了公共利益——加拿大版权法的未来》,李静译,知识产权出版社2008年版,第350页。

〔2〕Glynn S. Lunney & Jr., *Reexamining Copyright's Incentives - Access Paradigm*, 49 Vanderbilt Law Review 483(1996).

〔3〕Glynn S. Lunney & Jr., *Reexamining Copyright's Incentives - Access Paradigm*, 49 Vanderbilt Law Review 489(1996).

用者对孤儿作品的使用需求。由于著作权保护的资源种类繁多,一视同仁的规定很难令人满意或得到认可。在著作权法中,对不同的资源实施不同的著作权保护更符合现实情况,对于孤儿作品来说,这一点尤为重要。和财产权一样,著作权也不是绝对的,而比传统财产权更明确的目标是,它通过限制特定类型的资源的权利(如孤儿作品著作权)来服务于更大的社会利益。

二、著作权法定原则的应用

霍姆斯说过:"历史研究之一页当抵逻辑分析之一卷。"[1]从历史的角度审视著作权的性质,可以增进对孤儿作品使用规范的思考与批判。

历史的回应是一种悠久的溯源。著作权性质之争的落幕为孤儿作品的利用扫除了法律上的障碍。英国1710年《安妮法》的制定与颁布在历史上发生了革命性的作用,它不但使著作权从特许权变成了一种私权,而且明确了著作权保护的目的是通过赋予作者一定期限的权利以促进更大范围的学习。尽管如此,《安妮法》制定颁布之后,很长一段时间仍然存在著作权性质之争,即著作权是自然权利还是法定权利。争论的焦点是作为法定权利的著作权保护期限过后,普通法上的著作权是否存在,如果存在能不能作为一种自然权利继续享有永久性保护的问题。英国在1769年和1774年先后发生的两个结论截然相反的著名案例,使这场争论达到顶峰,同时也使这场争论得出了《安妮法》规定的法定期限内的权利已经取代了普通法上的永久权的结论。

---

〔1〕 New York Trust Co. v. Eisner,256U. S. 345,349(1921).

1769 年的米勒诉泰勒(Millar v. Taylor)案中,[1]四位主审法官以 3:1 的比例承认了普通法上著作权的地位。法官威利斯(J. Willes)论证了普通法上著作权的存在,认为不受限制的书商的著作权由来已久并得到了书商公会章程、星室法庭禁令以及议会的许可法的承认。但是法官阿斯顿(J. Aston)和法官曼菲尔德(J. Mansfield)从自然权利的角度论证普通法上著作权的存在则显得更有力度。法官阿斯顿指出,任何人对其身体、生命、声誉和劳动等享有支配权,因此,一个人所创作的作品当然是他的财产。法官曼菲尔德进一步发挥,认为著作权实际上源于正义的观念,作品的创作者应当获得基于其智力劳动所带来的经济收益。三位法官尽管论述的角度不同,但实质上都充分利用了财产自然权利理论,即通过劳动,不管是体力劳动还是脑力劳动产生的财产权,都是一种自然权利,这种权利不受任何制定法的影响,可以永久地存在。这实际上是洛克财产权劳动理论的翻版。作为本案的异议法官,法官叶茨(J. Yates)认为不存在所谓的作者的普通法上的著作权,著作权能够确立的唯一来源是国家所制定的成文法。同时,叶茨认为,从公正角度看,确实应当给予作者一定的奖赏,立法机构通过制定赋予作者以有限垄断权的《安妮法》,满足了这一正当的要求。垄断权的赋予之所以是正当的是因为它符合公正的要求,并能鼓励学术和科研活动的进行。但这一垄断权的行使应当服从于一个更重要的要求,即应当符合他人的自然权利。他人有利用思想的权利,他人有从事垄断特权交易的权利。

叶茨强调作者并不享有绝对的强制性的权利,作者能够主张的只是要求法律给予一定的激励作为其作品促进了社会利益的回

---

〔1〕 该案原告于 1729 年向作者詹姆斯·汤姆森(James Thomason)购买了诗歌集《季节》(*The Seasons*)的出版权,依照英国《安妮法》,到 1767 年该书的著作权已经过期,但是米勒无法容忍其竞争者泰勒参与印刷此书,于是将其诉至法庭,而请求的基础是作者享有不受《安妮法》限制的普通法上的著作权。

报,从这种意义上说,作者的权利也应当是有限制的。[1] 这份判决所确立的规则尽管随后被推翻,但该判决本身不失为著作权法文献中的鸿篇巨制,是法院关于著作权的劳动理论和自然权利的最早的经典表述。

米勒诉泰勒案判决后不久的1774年,又一个类似案件被提交到了英国上议院,即多纳德森诉贝克(Donaldson v. Beckett)案。两个案件尽管诉讼主体不同,但争讼标的均为汤姆森所著的诗歌集《季节》,汤姆森将《季节》的出版权转让给了米勒,米勒去世后,其遗产执行人将这一诗集的出版权拍卖给了贝克。由于汤姆森的诗集非常畅销,书商多纳德森印刷出版了数千册内容相同的诗歌集。于是,贝克将多纳德森诉至法庭,但多纳德森不服法庭的禁令,认为依据《安妮法》,该作品已经超过保护期,所以将此案一直上诉到贵族院。虽然法官们对是否存在普通法上的永久版权存有争议,但是经过激烈的争论人们认识到,尽管普通法永久版权会增进作者和出版者的潜在利益,但是这种利益超过了它所带来的损失,普通法永久版权会限制对文学作品的使用,阻碍学问和知识的进步。个人的私利应当向公共利益让路。

米勒诉泰勒案侧重于对作者权利的逻辑推演,而多纳德森诉贝克案则更注重社会政策的考量。该案法官不仅看到了保护作者权利的必要性和重要性,同时也注意到了这种权利安排对整个社会的影响。[2]

在对待著作权是自然权利还是法定权利的问题上,美国与英国可谓殊途同归。19世纪是美国著作权法的形成期,经由法律精英的合理化努力,美国著作权法在司法实践中发展出著作权法定

---

〔1〕 Ronan Deazley, *On the Origin of the Right to Copy*, Part 7, Hart Publishing, 2004, p. 170 – 198.

〔2〕 黄海峰:《知识产权的话语与现实——版权、专利与商标史论》,华中科技大学出版社2011年版,第31页。

原则，该原则作为美国著作权法的一项重要原则，彰显著作权保护的社会政策，成为著作权法规则的出发点和归宿。这一原则确立于 1834 年最高法院的惠顿诉彼得斯（Wheaton v. Peters）案的判决，[1] 此后成为美国著作权法的基石之一。

惠顿诉彼得斯案涉及最高法院的判例报告集的著作权问题。1830 年，被告彼得斯将惠顿编撰的《美国联邦最高法院判决汇编》（共 12 册）加以拣选编辑成《美国联邦最高法院案例精华》（共 6 册），其售价仅为原告作品的 1/4，故原告认为被告侵害其著作权，请求法院核发禁令，禁止被告继续销售涉案作品，并请求被告赔偿其损害。被告则否认其精简本侵犯了原告的案例汇编的著作权，认为惠顿的案例汇编并未履行美国 1790 年《著作权法》所规定的著作权保护条件，因此惠顿的案例汇编并不受著作权保护。

本案一审法院认为惠顿的案例汇编并不能受到著作权法的保护。主审法官霍锦胜（Hop. Kinson）认为，惠顿并没有依照 1790 年《著作权法》第 4 条的要求在书籍出版后 6 个月内向国务卿缴存一份样书，从而使其无法获得成文法的保护。判决认定有关缴存版本的法定要求是强制性的。法官认为，著作权是政府的特别授权，而非自然权利。在法官看来，公众经由其代表授予作者某种特权，同时为保护特权的实现，规定了某些惩罚或救济措施，但是善意和不知情的第三人也应有权知晓此种特权的对象和范围，从而不致无辜卷入诉讼或遭受惩罚。正是基于此种考虑，立法者在授予作者特权的同时要求权利人履行一定的义务，从而使公众得以知晓从何处获知有关权利的准确信息，以避免侵权的发生，使善意相对人免于麻烦甚至灾难。法官基于公共利益的考量认定著作

---

[1] Wheaton v. Peters, 33 U. S. 591 (1834). 有关该案的详细分析，亦可参见 Lyman Ray Patterson, *Copyright in Historical Perspective*, 1968, p. 203 – 212; Craig Joyce & Wheaton v. Peters, *The Untold Story of the Early Reporters*, Supreme Court Historical Society, Yearbook Annual, 1985, p. 35 – 92。

权是政府的特别授权，而图书缴存要求也是著作权保护的必要条件之一。

多数观点认为图书缴存样书的要求是法定的强制要求，若未履行则不能获得著作权保护，而少数观点则从作者利益出发，认为著作权是作者的自然财产权利，此种权利不受立法的限制而在普通法上永久存在。究其实质，两种观点涉及著作权的性质之争：著作权究竟是政府授权还是作者的自然权利？若是政府授权，则法律可以界定此种权利的范围并设定权利取得的条件；若是作者的自然权利，则政府只是从法律上承认此种权利，只有在实践中当事人发生纠纷时才介入和执行。自然权利更为注重个人利益，法律尊重当事人的意思自治；若是政府授权，则可从公共利益出发对此种权利为种种限制，从而实现其规范目的。

多数法官在个人利益的保护和公共利益的维护之间选择了后者，从而确立了著作权法定原则。尽管法官对本案的原告抱有相当的同情，但是出于社会政策的考量，而对立法作出了严格解释。这一判决，在性质上将著作权界定为政府特别授权，从而为法律促进孤儿作品的使用，而对孤儿作品的著作权予以限制提供了一席之地。

著作权法定原则的确立表明，著作权的独占利益是附带的、协助性的、限缩于可提供必要诱因的范围内，其受限于法定限制条款。[1] 著作权首要的作用是平衡和实用，不应将它视为自然权利，而应将其视为谨慎平衡著作权、使用者权和其他要素的权利。孤儿作品的著作权人有权从自己的创作成果中获得特权，但是这种特权应当受到一定的限制，否则就会妨碍他人的行动自由。

---

〔1〕 Niva Elkin – Koren, *Copyright Policy and the Limits of Freedom of Contract*, 12 BerkeleyTechnology Law Journal 93(1997).

三、利益平衡的需要

利益平衡论在检验孤儿作品使用制度的正当性时扮演了极重要的角色。著作权法的目标并非仅为使著作权人获得应有的报酬,而是为了文化与知识的传播和创新。[1] 为达成此目标,著作权法一方面确保作者对其创作的原始表达拥有权利,另一方面也鼓励他人在该作品所传达的构想及知识上自由建构新的创作。著作权的核心是一张由公共利益与私人利益错综交织的网。无论是著作权法的立法宗旨还是著作权的产生及其权利体系的形成,都折射出利益平衡理论的光芒。不同时期的著作权法都试图在变幻莫测的现实环境下,在各种权利所有者的权利范围和促进公众享受智慧成果的目标之间寻求平衡,以达到增进人类知识财富、保留公共领域和促进公众接触作品的目的。

著作权法为保护著作权而设置藩篱,以阻止他人任意妨碍著作权人享受独占权利。而社会公众则持续地试探著作权法的保护底线。从历史的角度观察著作权人与社会公众的利益纠葛不难发现,著作权法发展的历史就是一部"利益冲突与平衡"的历史。每当新兴技术出现,都会产生新的作品使用方式,从而打破著作权法原有的均衡状态,著作权制度的酝酿发展都与各种利益的权衡取舍相关。新兴技术导致的作品使用问题,使得立法者面临两难境地:究竟应严格解释著作权法,还是宽松解释著作权法,体现了立法者就著作权法面临科技发展所生争议问题的权限划分态度。

自著作权制度创设以来,随着科技的发展,著作权的权利范围也不断扩张,社会公众所享受的公共领域由于著作权的扩展而随

---

〔1〕 Wendy J. Gordon, *Fair Use as Market Failure: A Structural and Economic Analysis of the Betamax Case and Its Predecessors*, 82 Columbia Law Review 1600 - 1601(1989).

之限缩。然而,著作权膨胀扩张所产生的鼓励创作的诱因是否大于社会公众因接触作品受限、创作火光因而熄灭的负面效应,值得进一步分析。

由于任何作品的完成都不可避免地建立于前人作品的累积,对著作权人提供过多的独占权利将会阻挡未来创作者使用前人作品的机会,因此反而会阻碍新作品的产生。[1] 著作权最终的、主要的预期受益人是公众,通过奖励作者来促进公众获得知识的机会。著作权的扩张所导致的接触和交易成本,与由于提高了生产出具有社会价值的知识产品的激励可能带来的收益不成比例,从而减少了新知识财产的数量,因为新知识财产的一项重要输入就是现有的这些财产,这样就在新知识财产的创作中提高了创作者的输入成本。

著作权法是以有限接触作品的成本,交换提供著作权人创作诱因的利益。为促进经济效益,著作权法中所涵盖的重要法律原则应具备将"创作新作品所获得的利益"减去"使用者只能有限接触作品的损失"以及"管理作品的行政成本"后所剩的利益最大化的功用。[2]

就孤儿作品而言,不经著作权人许可使用孤儿作品的正当性源于人们对利益平衡理论的认识。在孤儿作品法律体系的构成中,需要兼顾不同主体的利益维护。解决孤儿作品使用问题可根据两项社会价值的比较:一是因禁止某种使用作品方式而产生的额外的著作权所代表的社会价值;二是允许该特定的使用方式继续存在所产生的社会价值。

为比较这两项相互冲突的社会价值,在平衡杆的一端,若禁止

---

[1] Glynn S. Lunney & Jr., *Reexamining Copyright's Incentives – Access Paradigm*, 49 Vanderbilt Law Review 485(1996).

[2] William M. Landes & Richard A. Posner, *An Economic Analysis of Copyright Law*, 18 Journal of Legal Studies 326(1989).

特定使用作品的方式，是否会促成更多、更好的作品的创作；在平衡杆的另一端，则应思考若禁止该特定使用作品的方式，社会公众可能遭受的损失。[1] 所有需要讨论和解决的问题的唯一原点是平衡与解决在孤儿作品的使用与传播中所引发的个体利益与社会利益之间的冲突与对抗。法律发展倾向于反映当时社会成员的需要和愿望，同时，法律必然以牺牲一部分人的利益为代价而偏向另一部分人的利益。孤儿作品使用制度的正当性，不在于其是否与所谓国际通行规则接轨，而在于其是否符合社会现实需要。

意思自治原则是私权理念的灵魂。作为私权的一个支系，著作权同样体现了私法的意思自治精神。例如，著作权人没有同意使用者的使用请求，或者使用者无法支付著作权人所要求的使用费等，这些情况都不应通过立法解决，否则违背了意思自治原则。著作权人可以在任何特定的时间和范围内行使自己的专有权，授权或拒绝授权他人行使自己的权利。经当事人双方的合意，社会资源将会转移至最能满足消费者需求的人的手中。因此，在著作权人明确的情况下，妨碍著作权人自主设置作品的使用条件是违反私法所倡导的意思自治原则的。在意思自治原则指引下，使用者为了保证利益的可期性与安全性，往往会放弃对孤儿作品的使用，在这种情况下，孤儿作品作为一种有益的资源被闲置，必然会对文化产业的创作活力产生消极影响。例如，我国国家图书馆有67 万件民国的馆藏作品，这些作品对于研究民国史料具有重要价值，但是民国文献损毁的程度相当严重，由于诸多原因，这些民国文献的著作权人大多已无法查明。2012 年，为了抢救、保护濒临毁损的珍贵历史文献，国家图书馆启动了“民国时期文献保护计划”，而该计划的实施，不可避免地会涉及孤儿作品的数字化和影

---

〔1〕 Glynn S. Lunney & Jr. , *Fair Use and Market Failure*: *Sony Revisited*, 82 Boston University Law Review 975(2002).

印。因此,为了文化保存和维护公共利益,确保潜在的后续作者仍保留创作的意图,不能因为孤儿作品权利人难以寻找,就不对孤儿作品进行复制或使用。

著作权制度设计不能摆脱私权的基本理念,但是同时也有自己的特别考虑。受著作权法保护的作品与作品使用者之间存在显而易见的能动作用,作品本身的价值只能通过传播和利用得到彰显。斯托里大法官认为:“事实上,在文学、科学和艺术领域,抽象地说,很少有作品是完全创新和彻底原创的,每一样文学、科学和艺术作品都借鉴了——也不得不尽可能借鉴、使用其他已经被人们广泛知晓和使用过的作品。”[1] 每一个新的知识财产的创造者都是建立在前人基础上的。未被公众接触和使用的著作权作品无论对权利人还是相关的使用者而言,都不具有文化或经济价值。这里的“相关的使用者”除了现有知识财产的消费者,还包括将来知识财产的创造者。在一般情况下,大多数著作权作品是可以被公众接触与使用的。但是,也有一些著作权作品不能或难以为公众所接触与使用,如绝版作品和孤儿作品。对不能或者难以接触与使用的作品,著作权法应当限制著作权人行使著作权,因为公众没有从通过学习和研究这些作品中获得利益。关于孤儿作品的立法应致力于寻求鼓励孤儿作品的著作权人与使用者之间友好使用孤儿作品的解决渠道。在著作权人与使用者的权利平衡存有疑问时,应倾向于保护著作权人,因为在孤儿作品中著作权人的著作权优先于使用者的使用权。

四、市场失灵的矫正

阻碍市场交易的市场失灵是孤儿作品使用制度得以存在的正

---

〔1〕 Emerson v. Davies, 8F Cas 615, 619(CCD Mass 1845)(No. 4436).

当性基础。市场失灵是指市场无法或难以有效地配置经济资源。[1] 当自愿交易可以在交易双方均同意的条件下完成时,此交易应比法院作出的判决更能代表交易当事人所追求的价值最大化的资源交换。[2] 只有在双方合意的交易协商因某些原因而破裂的情况下,也就是在无法或很难达成市场协商交易的情况下,未经著作权人许可的使用在经济学上的正当性才有存在的可能。美国第二巡回上诉法院在 American Geophysical Union v. Texaco, Inc. 案中认为:"在没有现存的市场和付费通道的情况下,某一特定的未经授权的使用将会被认为是较为合理的。相对地,在已经建立了现成的市场或付费通道的情况下,某一特定的未经授权的使用将会被认定为较不合理。"[3]

影响市场失灵最关键的一项要素是交易成本。[4] 在经济学中,交易成本包括:(1)搜索交易对象的成本;(2)协商谈判的成本;(3)执行交易的成本。[5] 在某些情况下,仅仅是找到著作权人就是一件不容易的事,即使知道著作权人是谁,要与其协商使用其作品的价格及条件又是另一件耗时又费钱的事。如果当事人之一不愿履行协商的结果,欲促使契约的执行又需额外的成本。因

---

〔1〕 一般而言,市场失灵有四种形式:(1)垄断与市场控制力量;(2)外部性的存在——某项交易的利益外溢,让非交易当事人的其他人享受到好处;(3)公共产品;(4)严重的资讯不对称。See Robert Cooter & Thomas Ulen, *Law and Economic*, 6th edition, Addison Wesley Longman Inc., 2011, p. 40 – 43.

〔2〕 Wendy J. Gordon, *Fair Use as Market Failure A Structural and Economic Analysis of the Betamax Case and Its Predecessors*, 82 Columbia Law Review 1615(1989).

〔3〕 American Geophysical Union v. Texaco, Inc., 802 F. Supp. 1(S. D. N. Y. 1992), aff'd, 60F. 3d 913(2d Cir. 1994).

〔4〕 Wendy J. Gordon, *Fair Use as Market Failure: A Structural and Economic Analysis of the Betamax Case and Its Predecessors*, 82 Columbia Law Review 1628(1989).

〔5〕 Robert Cooter & Thomas Ulen, *Law and Economic*, 6th Edition, Addison Wesley Longman Inc., 2011, p. 88.

为这些成本的存在，著作权市场无法提供一个社会所需的自愿交易的通道。一般而言，大多数具有创造性的作品是相当倚重以往的作品的，尽管在某种程度上，创作者本人可能会竭力加以隐瞒。对以往作品的使用，如果更多地是由跟它的创作者进行交易的成本来负担的，无论这些成本是基于著作权法，或者在较少可能的情况下是基于反剽窃的规范所产生的，那么创作成本都将变得更高。[1] 正如合作作品以及创作电影等作品，如果要对每一贡献者的成果都在法律上予以承认，这种努力也会产生大得令人难以承受的交易成本。例如，一位电影制片人想要制作一部关于20世纪60年代的纪录片，需要那些已被人遗忘的录音带、电台广播和电视节目录影，为确定这些著作权人或者他们的继承人而付出的交易成本，就会显著增加制作该纪录片的总成本，而在不能找到著作权人的情况下，这些成本最终将导致纪录片无法摄制完成。如果新作品的创作者对于任何为寻求创新而使用的以往知识财产都必须获得许可，则交易成本将可能变得更高。美国做了一项特别的馆藏研究（《尽职调查，徒劳努力：著作权和Thomas E. Watson论文的数字化》），研究团队花了450个小时检验超过8400份文件，确认了馆藏中大约3304位作者，研究人员能找到1709位作者的死亡日期——大约51%——去除那些死亡日期被排除在继续著作权保护之外的（大约占已确认作者的18%）。对于剩下的不能确认死亡日期或者死亡日期较晚，仍能享有继续著作权保护的作者，研究团队仅仅找到50位。这50位作者中，团队收到25份回应，但因为仍然存在不确定性和过期信息，能够找到最新的、可靠的联

[1] ［美］威廉·M. 兰德斯、理查德·A. 波斯纳：《知识产权法的经济结构》，金海军译，北京大学出版社2005年版，第83页。

系信息的只有两个,而且都是知名人士。[1]

孤儿作品的著作权人无从查找,使用者无法通过自由协商来使用作品,直接导致孤儿作品的经济价值难以体现。为了实现孤儿作品使用效益的最大化,在著作权市场无法将作品交易至最优使用者时,著作权法就应通过干预市场的方式,让使用者能够在合法的范围内使用作品。[2] 也就是说,政府只有在存在市场失灵而无法正常运作时才有介入的正当性。

使用者因无法联系孤儿作品的著作权人而无法从市场获取所需要的作品,属于"交易不能"的情形。以"交易不能"产生的市场失灵来判断孤儿作品使用的正当性,标准在于市场瑕疵是否已妨碍权利的变动,并且上述权利的变动须有利于协助公共利益的实现。孤儿作品"交易不能"的情况具有暂时性,当孤儿作品的著作权人重新出现时,此时交易成本降低至权利变动能够克服的程度,孤儿作品就需要重新置于市场机制下准许可才能使用,著作权的排他性也因此应被恢复。总之,在设计孤儿作品使用制度时,不能因技术的便利而干涉著作权市场对信息资源的配置,而应将其定位为对市场失灵的矫正与弥补,以确保对孤儿作品的使用行为不会损害著作权人的利益。

五、效率原则的考量

在不同的时空条件下,人们会发展出不同的工具,规则是工具

---

〔1〕 Maggie Dickson, *Due Diligence, Futile Effort: Copyright and the Digitization of the Thomas E. Watson Papers*, Am. Archivist 626 (2010), http://archivists.metapress.com/content/l6rh811120280434/fulltext.pdf.

〔2〕 这一结论是以"科斯理论"为基础。科斯理论指出:在交易成本为零的情况下,则无论法律如何规定财产权的分配,一个有效率的资源利用将会经由私人间的协商而产生。相反地,若交易成本过高导致协商无法进行,则有效率的资源利用需视法律如何规定财产权的分配。See Robert Cooter & Thomas Ulen, *Law and Economic*, 6th edition, Addison Wesley Longman Inc., 2011, p. 85.

的一种,法律则是规则的一部分,从工具和规则的角度来认知法律,可以比较完整、深入地掌握法律的内涵。著作权法是为了实现文化的创造、衍生与繁荣而设计的规则,是一种"工具",这种功能性安排的目的是追求文化的多样性。法律的运作,往往不自觉地符合效率的考量,寻求在较大的范围内增进福祉,使社会资源日益积累。在著作权制度发展的历史长河中,决定著作权产业荣枯的主角是经济活动,但是背后的驱动力则是科技发展,当经济活动成为人类社会的重心,科技成为主导社会发展轨迹的力量时,效率的概念应运而生。

(一)法经济学视域下的效率

法律经济学是经济学和法学的结合,是从经济视角来解释法律的正当性,由经济学提供分析架构,法学提供材料。经济分析的价值在于能提供一套完整清晰的架构,使分析和论证更有说服力。对著作权法的经济分析与评价是相应地在一个经济框架内进行的,该经济框架就是要调适法律,从而与经济效率的要求相一致,也就是说,在法经济学视角下,对相关法律规定与原则进行考察的立场是:它们在经济意义上是否有效率;如果不是,如何可以让它们变得有效率。

效率是经济学的重要概念之一,也是经济学里无处不见的参考坐标,反映在狭义的经济活动上,就是以"效率"为基准点,分析不同的制度设计和行为,其目的是使整个社会的财富越来越多,而且,这个衍生积累的过程还意味着活动内容的精致化和层级化。追求效率的结果是使社会资源不仅在横的基础上越来越广,在纵的层级上也越来越厚。

关于效率,经济学学者众谋佥同的定义是帕雷多效率(Pareto efficiency),即如果 A 变为 B,不会伤害任何一个人,但是却能使一个或一个以上的人得到好处,那么,由 A 变为 B,就符合"帕雷多条件”(Pareto improvement)。[1] 科斯以“社会产值极大”反映效率;波斯纳则是以“财富极大”的概念反映效率。效率隐含了更高、更远、更快、更大的目标,同时也隐含了以有限的资源去探索和实现无限的可能。孤儿作品使用制度的设计可以从“效率”的角度加以分析,以效率的高低作为评估的尺度。

成本和效率是一体两面,但其侧重点不同。首先,成本反映的是为了追求或实现任何目标所需要承担的代价。无论追求何种价值,都要付出具体或抽象的资源。公共利益是众多价值之一,对于公共利益的维护,显然也有成本的考量。其次,既然追求任何价值都有对应的代价,成本也可以反映在许多不同的价值里。成本意味着在既有的框架里斟酌损益,而效率则是挣脱既有的框架攫取未来的果实。成本的概念通常反映目标既定、节约人力、物力等资源,效率的概念则透露出对更多更大的追求,以手中的资源,创造最可观的未来。效率是放眼于追求未定的、不可知的果实,成本是盯住手里的资源。因此,科斯的“产值极大”和波斯纳的“财富极大”都是着重攫取和实现潜在的利益。这两个概念都凸显了效率“往前看”的特质。以往前看的思考模式,推测不同规则可能带来的后果。对一个社会而言,使社会资源越来越多,是人们长远以来所追求的目标。

交易成本是指为了达成交易所耗费的资源。为了达成交易,事前有搜寻成本,交易时有议价成本,事后有履约成本。在财物的转移和换手中,自愿性的交易是成本最低的方式,在一般法治社会,希望看到财物资源的流动,是以成本低的途径来达成,因此,法律所采取的立场,可从交易成本的角度作合情合理的解释。如果能降低成本,就可以把省下的资源放在其他的使用途径上。人们

[1] [澳]黄有光:《福利经济学》,周建明等译,中国友谊出版公司1991年版,第39-41页。

的行为,通常反映出"成本低效益高"的特性。同样的成本,效益高比效益低好;同样的效益,当然成本低比成本高好。既然交易成本为零时,资源运用是有效率的,那么财产权的界定,最好使交易成本越低越好。由此可见,社会产值极大和交易成本为零,可以作为斟酌思虑的基准点,看哪种方式使社会产值较大,就选择哪种方式。从资源运用效率的角度着眼,追求短期的利益,可能会损害长期未来的利益,着眼于长远的利益,有时候又得牺牲眼前的利益,而长期和未来的利益,能和"效率"这个概念直接呼应。

(二)孤儿作品使用制度效率分析

在经济学里,成本低在一定程度上意味着效率高,成本的概念可以为解释公共利益提供明确的脉络。对孤儿作品的使用,主要基于公共利益的长远考虑。从成本和效率的角度来解读公共利益的实质内涵及演变,可以作出一种合情合理的解释,使公共利益的内容更为丰富,也强化了维护公共利益的重要性和必要性。由效率来定义公共利益,或由效率来阐释公共利益,可以使公共利益的意义更为清楚明确。不太可能具有商业价值的孤儿作品对于许多学者、科研人员而言仍然具有重要的学术研究价值,尤其是公共文化机构对其进行数字化利用具有重要的社会意义,但使用的前提是要付出额外的努力和成本来寻找可能的作者。一项研究发现,全面搜索英国广播公司和大英图书馆档案的总成本将在 61 亿至 73 亿英镑。在卡内基梅隆大学进行的另一项研究估计每一本作品版权清理的费用要 200 美元,并且找不到"1920 年至 1930 年出版的大部分书籍的出版商,以及 1940 年至 1950 年出版的几乎一半书籍的出版商"。[1] 1925 年至 1988 年,奥地利一所大学图书

---

〔1〕 Denise Troll Covey, *Acquiring Copyright Permission to Digitize and Provide Open Access to Books*, AOL (July. 19, 2005), https//www. clir. org/pubs/reports/pub134/pub134col. pdf.

馆将 20 万篇博士论文数字化，但是，由于权利清理的成本过高，即 15 万欧元（比数字化本身的成本高 20 ~ 50 倍），于是放弃了在线访问。荷兰的一个视听材料数字化项目耗资 62.5 万欧元，用于处理 50 万张照片和 5000 部电影的版权许可。[1]

不同的诱因会引发出不同的行为反应，从而呈现出不同的结果。数字化是一项耗时且耗资巨大且的工作，获得著作权人事先同意或进行认真的搜索不仅因为其是孤儿作品而窒碍难行，而且由于要进行的个人许可或搜索的数量太多，在经济上也不可行。谷歌数字图书馆案的判决放大了公众围绕数字化项目所产生的成本和收益的争论。著作权成为横亘在海量孤儿作品供给与巨大市场利用需求之间的障碍。[2] 由公共文化机构进行的大规模数字化项目更容易出现风险管理问题，如果公共文化机构通过逐个搜寻并协商的方式以获取孤儿作品著作权人的授权，则将产生高昂的交易成本，公共文化机构的数字化进程将因经济成本过高而进展缓慢，严重阻碍藏品的大规模数字化，进而阻碍公众和学术界更多地获取和使用文化遗产，包括数据和文本挖掘活动。人们的行为受到成本效益考量的影响，而且，人是趋利避害的，市场里价格高低影响消费者，同样的道理，制度的松紧也会影响人们的行为。在面临使用孤儿作品可能产生的侵权风险和交易成本过高的情况下，公共文化机构往往会放弃将馆藏的孤儿作品数字化，从而使大量孤儿作品被消极遗忘。

权利赋予之后，必须有法律体系的支持，权利拥有者才能享受权利所带来的好处。因此，法律体系本身的各项费用支出，也是考

---

〔1〕 Anna Vuopala, *Assessment of the Orphan Works Issue and Costs for Rights Clearance*, European Commission DG Information Society and Media Unit E4 Access to Information, 2010, p. 4 – 5.

〔2〕 王晓君：《科斯定理维度的孤儿作品利用困境解析》，载《贵州师范大学学报（社会科学版）》2020 年第 6 期。

虑权利赋予时不可忽视的一部分。如果转让财产权的成本(交易成本)过高,那么财产权就可能阻止对价值的变化作出最优调整。人与人之间的权利界定、效率的高低,是权利赋予的主要考虑,权利的分配如果能符合效率的考虑,就可以将资源运用得更理想,更能提高个人和社会的福祉。在考虑著作权等基本权利时,不能忘记潜在的成本,权利的背后,需要相关条件的支撑,而且必然牵涉到资源的运用,而运用资源时不得不有成本的考量。

总之,人的行为是以成本、效率的考量所驱动的,因此,由成本、效率考量孤儿作品使用制度,可以更清晰地看出选择不同制度背后的逻辑和支持条件。

| 本章小结 |

著作权人无法查找的事实不会对其专有权的存在和范围产生任何负面影响,著作权当然也不会因不使用而消灭或产生限制使用的情况。但是,从允许使用更有益于社会和生产性地使用文化资源角度来看,破解孤儿作品困境势在必行。对财产概念和著作权法定原则考察之后,得出的结论是著作权人有一定的责任来证明其权利的持续有效性。孤儿作品的著作权人在没有履行该责任的情况下,应当承担对其不利的法律后果。西方国家针对孤儿作品问题在数字化时代的复杂性,提出的不同的解决方案,如救济限制方案、强制许可方案[1]、先使用后付费方案[2]等,均是对利益平衡理论、市场失灵理论以及效率原则的运用,既体现了立法者的良苦用心,也是著作权利益相关各方广泛协商的结果。

---

〔1〕 如加拿大版权局强制许可制度、日本的作品裁定使用制度。

〔2〕 2012 年欧洲议会和欧盟理事会《关于孤儿作品许可使用特定问题的指令》第 6 条第 5 款。

第四章　孤儿作品的使用模式

孤儿作品问题已经引起国际社会的普遍关注。少数几个国家和地区一直以来都有相关法律用以解决特殊情境下的此类问题，另有一些国家和地区在过去 10 年中也作出了立法回应。到目前为止，20 余个国家和地区都制定了相关法律，一部分法律仅限于解决孤儿作品问题，另一部分允许的许可范围较大。从法律规范上看，欧盟、美国、英国、加拿大、韩国、匈牙利、日本等国家和地区都规定了孤儿作品的使用方案。

解决孤儿作品问题，关键是破解其使用困境，各国家和地区的立法和学术研究都围绕如何合理地激活孤儿作品进行深入探讨，并采取了两种不同的方式。第一种是事前模式，主要涉及使用孤儿作品之前的权利取得，其代表性的观点是著作权集体管理组织或者著作权行政管理机关的许可证制度；第二种是事后模式，主要涉及使用者对孤儿作品风险的管理，其代表性观点是对于经使用者尽力查找且确认无法找到但之后又重新出现的著作权人利用立法限制其权利的救济方式。在事前模式中，申请人在被允许使用孤儿作品之前支付费用，并向授权机构或集体管理组织申请后才能获得使用孤儿作品的许可。与此相反，事后模式则需要或创设著作权的法定例外，或限制使用者努力确认权利人之后使用孤儿作品的责任。在以加拿大、日本和印度为例的事前模式中，使用者必须与著作权委员会商议价格。在事后模式中，要求使用者能够善意地使用作品且已经作出一定努力寻找权利人，只有在著作权人重现的情况下才需要支付报酬。这种方法以美国为例。

一、孤儿作品使用的事前模式

(一)孤儿作品使用的事前模式背后的论理逻辑

对孤儿作品使用制度的法律属性进行分析,是为了揭示隐藏于不同使用模式背后的价值冲突。著作权作品的使用分为两类:一类是因合同约定而产生的使用,即著作权人基于意思自治而自愿将作品著作财产权的全部或部分转让或授权许可他人使用,[1]作品使用的方式、价格、期限、范围等均由当事人协商决定,法律不做干涉;另一类是基于法律规定而产生的使用,即使用的条件、方式由法律直接规定,而不是由当事人自由协商决定。由于孤儿作品的著作权人无法寻找,缺乏自由协商的主体要件,故其使用的合法性基础只能依托法律规定,在满足法律规定的使用方式和条件的情况下,使用者不经著作权人许可使用孤儿作品的行为不属于侵权行为。

孤儿作品使用的事前模式(特定机构授权许可模式)背后的论理逻辑所要探讨的是:使用者不经孤儿作品著作权人许可,直接通过特定机构授权而使用孤儿作品的行为在法律上如何定性?究竟是对孤儿作品著作权的限制,还是属于孤儿作品使用者的权利?关于此行为性质的探讨,对于确定孤儿作品著作权人与使用者之间的权利义务具有重要意义。

如果未经著作权人许可使用孤儿作品的行为属于著作权的限制或例外,则使用者的行为不构成侵权行为,当然,著作权人对孤儿作品的使用者不负有任何义务,使用者也不能向著作权人主张"使用权"。如果认为是使用者的权利,则使用者享有在法律规定

---

[1] 基于合同约定而产生的利用,除了转让和许可使用这两种主要的利用方式外,还包括设定质权、设定信托等利用方式。在信托关系中,著作权属于信托人,但受托人必须按照信托目的行使著作权。设定信托,多见于德国、美国、日本、英国等国的一些著名的集体管理组织。

的范围内自由使用孤儿作品的权利,而著作权人则负有不妨碍使用者权利实现的义务。

笔者认为,未经著作权人许可使用孤儿作品的行为本质上属于对著作权的限制而不是使用者的权利。对孤儿作品著作权进行限制,是为了确保社会公众对孤儿作品的接触和使用。一般而言,作为法律制度基本元素的权利具备利益、自由和意志三种基本成分。[1] "使用者权利说"运用权利构成理论,认为使用者对孤儿作品的使用是其依法享有的一项权利。理由是:首先,这种权利是对他人作品的使用,体现为物质性与非物质性利益;其次,这种权利既包括作为,又包括不作为,即在法律设定的"自由区域内",不经著作权人许可有偿使用孤儿作品的相对自由;最后,使用者的个人意志,得到社会关于促进作品传播、发展文化事业这一整体意志的许可和承认。但是"使用者权利说"在分析工具上,并没有解释使用者权利的本质,因此可能用表面上相同的术语指代了不同的对象。本书认为,使用者无须获得孤儿作品著作权人授权,但需要向行政机构或集体管理组织申请获得使用孤儿作品的许可模式,意味着承认对孤儿作品的使用是合法行为,无侵害性,不构成对著作权的侵犯。

法国学者让·达班从主体和他人的角度来定义权利。他认

---

[1] 权利具备以下三种基本成分:第一,法律所保护的利益。美国著名法学家罗斯柯·庞德将利益作为权利的一种基本含义,并将利益分为个别利益(直接涉及个人生活的要求或需要或期望并被断定为是这种生活的权利)、公众利益(涉及一个政治上有组织的社会的生活的要求或需要或期望,并断定为是这一组织的权利)和社会利益(涉及文明社会的社会生活的要求或需要或期望,并断定为是这种生活的权利)。第二,法律所允许的行为自由。第三,法律所认可的意志。任何一种权利,都必须符合一定社会的阶级、集团和人们的意志,即符合一定的价值标准。该观点参见[美]埃德加·博登海默:《法理学——法律哲学与法律方法》,邓正来译,中国政法大学出版社 2004 年版,第 155-156 页。

为,从主体角度来讲,权利是主体和客体之间的“归属—控制”关系,即客体归属于某个主体,主体能对客体施加控制,形成一个“专属于权利人的领域”;[1]从他人的角度看,权利意味着对第三人的对抗力、不可侵犯性和可请求性,“任何人都不得侵犯主体的权利,权利主体则得要求他人尊重自己的权利”。[2] 这就意味着权利受到侵害,权利人可以向有关国家机关提出请求,要求国家机关强制义务人履行义务或者给予赔偿。在特定机构授权许可模式下,孤儿作品的使用者不具有排他性的控制权。使用者是不特定的个人,任何人都可以向特定机关申请获得使用孤儿作品的许可证。如果把“未经著作权人许可使用孤儿作品”视为使用者的权利,那么,在逻辑上必然要存在相应的义务方和需要遵守的义务。但是在特定机构授权许可模式下,并没有要求承担义务的相对人。也就是说,特定机构授权许可模式仅仅规定了使用者可以如何行为,而没有规定孤儿作品的著作权人应该为使用者实现特定机构授权许可负有不得妨碍或积极协助的义务。如果使用者无法通过特定机构授权许可模式获得对孤儿作品的使用权,他也无法请求司法救济。可见,虽然特定机构授权许可模式使孤儿作品使用者可以由此而获得使用作品的利益,但是这种利益没有相应的法律措施予以保障,所以并不是一种主观权利,而是法律规定的反射效果,其行使权利的范围和条件受到法律规定的严格限制。使用者既不能许可或转让该权利,也不具有独立诉讼主体的资格,但是这并不妨碍使用者的利益本身得到法律和政策的支持,它反映了立法者对使用者合法利益或者公共利益目标的承认。

---

〔1〕 [法]雅克·盖斯旦、吉勒·古博:《法国民法总论》,陈鹏等译,法律出版社2004年版,第137页。

〔2〕 [法]雅克·盖斯旦、吉勒·古博:《法国民法总论》,陈鹏等译,法律出版社2004年版,第137页。

（二）特定机构授权许可模式

特定机构授权许可主要有两种形式：一是由著作权行政管理部门授予使用孤儿作品的强制许可证；二是由著作权集体管理组织以延伸性集体管理形式授予使用孤儿作品的许可证。

下文拟通过一些典型国家的具体做法，确定这两种孤儿作品的使用模式在一些方面的主要特征，包括：使用机制的法律性质；获得许可的机制；是否有记录疑似孤儿作品的登记处或记录数据库；著作权集体管理组织的角色；不同种类作品的收费；质疑费率的机制；作者重现时的救济以及侵权使用造成损害方面的案例法。

1. 强制许可模式

强制许可是指在使用者与著作权人无法达成作品许可协议时，由使用者向著作权行政管理部门提出申请，经批准后授予该使用者使用作品的许可。在强制许可制度下，"使用者必须向有关机构提出明确的申请，或至少应事先通知著作权所有者或代表他的集体管理协会"。[1]

在以加拿大和日本等为代表的采用强制许可制度解决孤儿作品问题的国家，孤儿作品著作权人与使用者之间的利益平衡成为强制许可制度设计时需要予以考虑的问题。

(1)加拿大

加拿大《著作权法》（1988 年修订）第 77 节对孤儿作品进行了规定。根据第 77 节，当"作者下落不明"时，作品即为"孤儿"。使用和开发孤儿作品非独占性许可的授予需根据条款和条件来决定，由加拿大版权委员会管理。"委员会可依具体情况，向申请者授予许可证以许可其为第 3、15、18 或 21 节中提及的行为。"加拿大版权委员会试图在过于烦琐和过于宽松的制度之间走中间路

〔1〕［西］德利娅·利普希克：《著作权与邻接权》，联合国教科文组织译，中国对外出版翻译公司 2000 年版，第 184 页。

线，尽管在涉及大量使用受保护作品的情况下，委员会往往要求更高。关于孤儿作品的法律适用于所有种类的作品，包括表演、录音和广播。为孤儿作品授予的许可证，大部分包括文学（39.2%）和艺术（21.5%）作品，这两类作品合起来的申请数约占申请总数的60%。文学作品包括书籍、诗集、信件和手稿、微缩胶片、CD和祈祷书上的文件。艺术作品包含卡通、漫画、照片、油画、图表、素描和插画等。音乐作品、表演和录音占到了11%。建筑平面图占申请总数的19%。[1] 此外，委员会在实践中已经确立了当明显无须许可时则不授予许可证的惯例。例如，作品不再受著作权保护（加拿大《著作权法》的规定是著作权保护期为作者终身及死后50年），则不需要申请许可证；或者当用途属于“为研究或私人学习之目的而为的公平交易”，可无须向委员会申请许可而直接开发孤儿作品。但是，加拿大《著作权法》并没有对委员会授予许可证的管辖权设定技术层面的法定限制。因此，委员会任何拒绝授予许可的情况都可视作其行使自由裁量权的行为。[2]

委员会根据申请者种类而授予的许可证，发布了1999~2009年的数据。数据显示，商业申请占总申请数的37%，个人申请占31%而紧随其后，教育者和教育机构的申请占13%，政府机构占11%，美术馆和博物馆占3%，社区机构占4%，慈善团体占剩下的1%。在授予的许可中，非商业申请获准占51%，而商业申请占49%。总的来说，商业和非商业申请的获准对象有教育作品和宗

---

〔1〕 UK Intellectual Property Office, *Copyright, and the Regulation of Orphan Works: A Comparative Review of Seven Jurisdictions and a Rights Clearance Simulation*, AOL, https//zenodo. org/record/8377/files/CREATe – Working – Paper – 2013 – 07. pdf.

〔2〕 UK Intellectual Property Office, *Copyright, and the Regulation of Orphan Works: A Comparative Review of Seven Jurisdictions and a Rights Clearance Simulation*, AOL, https//zenodo. org/record/8377/files/CREATe – Working – Paper – 2013 – 07. pdf.

教作品,如出版和发放祈祷书、幼儿跟唱录音、电视/电影作品、档案存本和网上发行物等。[1]

在向委员会提交申请前,申请人应对作品的著作权人进行必要查找,并证明已进行与第77(1)节规定相符的"合理努力"去寻找权利人。第77(1)节规定委员会需"验证申请人已付出合理努力以寻找著作权人的下落但没有找到……"当委员会认定申请人已经进行了搜寻,且已经作出了合理努力去寻找作者的下落,但作者仍未找到时,委员会"可以"颁发许可证——这意味着委员会也可以驳回申请。1990~2012年,委员会向申请人授予了260个使用孤儿作品的许可证,只有8个申请被驳回。这些申请涉及了12,640件孤儿作品。[2] 一般而言,委员会需要花费30~35天来决定是否授予许可证。尽管没有记录"疑似孤儿作品"的登记处或数据库,但委员会保存有清单以记录使用孤儿作品许可证的授予或拒发的情况。在决定是否授予或拒发许可证时,委员会一般是基于其他类似情况下著作权人的做法和一般市场惯例来作出决定。

如果委员会决定授予许可证,则下一步是考虑许可证的条款和条件、许可证的期限、价格(费率)和支付。委员会只可颁发非排他性许可证,其中考虑到著作权人可能已向另一用户颁发(或稍后可能颁发)许可证的可能性,并阻止委员会授予相当于垄断使用某一孤儿作品的权利。其他条款和条件可涉及地域性、期限、

〔1〕 UK Intellectual Property Office, *Copyright, and the Regulation of Orphan Works: A Comparative Review of Seven Jurisdictions and a Rights Clearance Simulation*, AOL, https//zenodo. org/record/8377/files/CREATe – Working – Paper – 2013 – 07. pdf.

〔2〕 UK Intellectual Property Office, *Copyright, and the Regulation of Orphan Works: A Comparative Review of Seven Jurisdictions and a Rights Clearance Simulation*, AOL, https//zenodo. org/record/8377/files/CREATe – Working – Paper – 2013 – 07. pdf.

追溯性、价格和付款、归属、可撤销性和可转让性等事项。其中,价格和支付条款一直是争议最大、最难处理的问题之一。虽然委员会颁发的每一项许可证均为准许使用制定了价格,但并非所有许可证均规定申请人须预先缴付使用费,在需要支付这种费用的情况下,有必要确定谁应收取使用费,以及如何管理和潜在地分配使用费。在设定一个许可证的条款和条件时,委员会会根据个案考虑多方面的因素,包括:请求复制的数量;预期利润水平;申请的用途;申请人的性质。法律并未为许可证设定专门期限,但作为标准惯例,委员会将充分考虑第77(3)节来为许可证设定期限,第77(3)节为著作权人追回版税设定了5年的期限限制。

在委员会授予许可证之后,一般要求被许可人将费用支付给相关集体管理组织。委员会在确定适当版税税率时将考虑多种因素,如集体管理组织许可他人使用其目录中某种/相同种类作品时的当前收费。在没有集体许可的市场中,则经常可以确定普遍认可的市场惯例。

2010年,委员会估计其授予的许可已付或应付版税总额高达近70,000元(加拿大元)。这个体系包含了"因具体情况而异的"和"非因具体情况而异的"体系。版税可以基于或"取决于"是否找到著作权人下落来进行支付,或可以立即支付给一个集体管理组织。70,000元中的30%取决于是否找到著作权人下落来支付,70%应立即支付给一个集体管理组织。[1] 集体管理组织受托在5年内保有钱款[根据第77(3)节]直至著作权人出现。当著作权人不出现时,5年期满后,该集体管理组织被允许使用这笔钱用于其认为恰当的任何目的,只要组织在权利人出现时适当补偿权利人。

---

〔1〕 UK Intellectual Property Office, *Copyright, and the Regulation of Orphan Works: A Comparative Review of Seven Jurisdictions and a Rights Clearance Simulation*, AOL, https//zenodo. org/record/8377/files/CREATe – Working – Paper – 2013 – 07. pdf.

重新出现的著作权人在版权委员会颁发的许可期限届满5年之内可向该著作权集体管理组织请求版税补偿，或者提起侵权诉讼。著作权人可以请求被许可人停止使用作品，但除非许可证有此规定，否则该要求不能满足。当然，若在申请强制许可阶段著作权人的下落得以确定，这通常是在版权委员会和集体管理组织的帮助下实现的，申请人则会放弃申请。

加拿大解决孤儿作品使用困境的主要途径是公权力机关的介入，这也是强制许可制度的显著特征。但这一方案操作起来仍有困难，首先，它只涵盖了已发表的作品，对于未公开的孤儿作品不能适用；其次，制度成本较高，需要制定严格的授权标准和授权程序，并配备专业人员及相应设施。根据加拿大版权局公布的在线指南，发放许可证的要求之一是证明为找到权利持有人所作的努力和取得的成果。尽管如此，该指南只给出了一般性建议，因此不可能查看进行仔细搜索的详尽程序和信息源。例如，在线指南没有提到版权数据库，该数据库能够在线搜索1991年10月以来记录或消除的版权信息。加拿大版权局对发放的许可证进行在线登记，截至2018年，已颁发296个许可证，其中36个属于16个文化机构。加拿大国家电影委员会（National Film Board of Canada）是获得许可最多的实体，共获得了16个许可证，几乎占总数的一半。授予许可的孤儿作品总数达到万件左右。海量作品申请均系公共文化机构对文字作品的使用。总体而言，该制度的吸引力和实际利用率并不低，实体规则与程序规则的设计对各类使用者与各种著作权作品都比较友好。[1]

（2）日本

日本有关孤儿作品的规定最早出现在1970年《著作权法》第

---

〔1〕 陈晓屏：《加拿大孤儿作品强制许可制度研究》，载《图书馆建设》2020年第2期。

67 条中。第 67 条是关于"著作权作者未知时对作品的开发"。在这样的情况下,当著作权人经尽职调查仍无法找到,可向文化厅(Agency for Cultural Affairs,ACA)专员申请强制许可。若强制许可被成功授予,则申请人应向著作权人支付补偿或保证金,金额由文化厅专员确定,且"在这种情况下,与政令确定的版税或一般税率相符"。例如,如果申请是使用与开发一本孤儿学术著作,则这类作品的固定价格是 800 日元(折合人民币约 40 元)。

日本 2009 年《著作权法(修正案)》于 2010 年 1 月生效,其创设了新的第 67bis 条。该条规定了"申请强制许可时开发作品"的情形。这是一个相当重要的修订,因其允许已经根据第 67 条申请强制许可的申请人以申请中阐明的相同方式,在申请有待批准期间开发孤儿作品。由此,已根据第 67 条申请许可证且正在等待申请结果(此期间可长达 1 ~ 3 个月)的申请人可继续根据第 67bis 条提交申请,只要申请人向文化厅"缴存"开发孤儿作品的金额。

实际上,第 67bis 条向申请人提供了一个使用孤儿作品的快速通道选择,只要申请人支付提存款。可见,第 67 条和第 67bis 条之间的区别在于,根据第 67 条,"保证金"是申请开发一件孤儿作品的强制许可得以批准之后向著作权人支付的,而根据第 67bis 条,提存款是在申请结果未知之前缴付的。第 67bis 条项下的提存款应与直至找到著作权人这一期间内开发作品的版税相对应。然而,如果根据第 67bis 条支付提存款之后,开发一件孤儿作品的强制许可申请被驳回,申请人应停止开发该作品。在这种情况下,文化厅将从根据第 67bis 条提出申请一直到作出决定期间保有缴纳的费用,如果孤儿作品在这一期间内已经被开发,则会因为申请被驳回而返还所有提存款。第 70、72、73 条规定了与孤儿作品有关的强制许可的程序和标准以及对设定额度的异议等,下文将对此作进一步考察。

首先,希望获得开发一件孤儿作品许可证的申请人应进行尽职调查,以寻找孤儿作品著作权人的下落。其次,在尽职调查后,如果无法找到著作权人的下落,申请人可向文化厅提交申请。根据第 67 条的规定,文化厅有权许可或驳回申请。如果被许可,则将在政府公报中予以公布。此外,任何根据这样的许可出具的副本都应注明该副本是根据强制许可作出的,且必须指明许可证的授予日期。如果许可申请被驳回,文化厅必须以书面形式向申请人解释原因。如果明显是权利人想制止任何对其作品的进一步开发,则不能授予强制许可。此外,如果申请人表明其想撤回许可申请,则文化厅将放弃授予许可证。[1]

2009 年《著作权法(修正案)》给日本著作权法带来的变化是,其不仅导致第 67bis 条的设立,同时也规定了日本唯一的国家图书馆——日本国立国会图书馆制作电子档案的相关事宜。第 67bis 条明确地将这一程序合法化,包括对相关法律涉及的孤儿作品数字化作出规定。在此修正案之前,只有实际上被损坏的书籍才能够进行电子存档,而这一修正案使得日本国立国会图书馆在其收到一本书时能够立即对其进行电子存档。

在对版税无法达成一致意见的情况下,1970 年法案第 72 条提供了一些救济方法,规定了"补偿金金额增减之诉"。对设定的版税数额不服的申请人或者重现的著作权人可在其知晓被授予强制许可证之日起 6 个月内就补偿金数额提起诉讼。如果被许可人对版税数额不满,则其认为恰当的数额将直接支付给著作权人,这一数额(恰当的数额)和设定的版税数额间的差额将被缴存。当著作权人不重现时,缴存的收入将如何处理并不清楚。当著作权人重现时,著作权人"欲制止其作品被出版或以其他形式被开发"的意见必须为被许可人在将来的开发中所遵守。1970 年法案并未明确地对孤儿作品许可证涉及的作品进行分类。

---

〔1〕《日本著作权法》,李扬译,知识产权出版社 2011 年版,第 47 - 50 页。

1972～2010 年，授予的强制许可证总数达 82 个。其中，62 个许可证是在 1999～2010 年授予的，只有 20 个许可证在 1972～1998 年授予。1972～2010 年被许可的个体作品数达 158,601 件。这是因为一个申请可以涵盖多个不同的作品。每个申请的收费是 13,000 日元（折合人民币 650 余元）。根据这一数据，向文化厅提交的以数字化为目的申请中的 10% 来自日本国立国会图书馆。例如，2006 会计年度中，估计日本国立国会图书馆为每件孤儿书籍支付了 51 日元（约折合人民币 2.5 元），而总数则达到 3,600,000日元（折合人民币 18,000 余元）。第 67 条和第 67bis 条也延伸至试题（招生和考试）的复制，这些占到了 1972～2010 年申请总数的 29%。[1]

根据日本著作权法，集体管理组织并未就孤儿作品根据第 67 条和第 67bis 条发挥作用。疑似孤儿作品的登记处/数据库由“特定机构”管理。此外，没有与侵权使用孤儿作品和重现作者相关的案例法。[2]

日本著作权法与加拿大著作权法的强制许可制度一样，规定如果作品不属于公共产品，使用者需要对著作权人进行调查，并通过合理、勤勉的方式寻找权利人，获得其对作品授予的使用许可，如果多方查找仍然无法找到著作权人，使用者可以通过行政裁决

---

〔1〕 UK Intellectual Property Office, *Copyright, and the Regulation of Orphan Works: A Comparative Review of Seven Jurisdictions and a Rights Clearance Simulation*, AOL, https//zenodo. org/record/8377/files/CREATe – Working – Paper – 2013 – 07. pdf.

〔2〕 UK Intellectual Property Office, *Copyright, and the Regulation of Orphan Works: A Comparative Review of Seven Jurisdictions and a Rights Clearance Simulation*, AOL, https//zenodo. org/record/8377/files/CREATe – Working – Paper – 2013 – 07. pdf.

的方式获得使用许可,[1]以弥补孤儿作品的市场失灵。

(3)韩国

韩国《著作权法》第 50 条规定,使用者应就使用孤儿作品向文化部部长、体育部部长和旅游部部长申请强制性许可。作品只有向公众发行才有权获得许可。申请人应支付赔偿并在申请中写明申请人为寻找著作权人住址付出的努力。赔偿的数额由市场及韩国版权委员会决定。在获得许可并支付赔偿之后,申请人应在获得强制性许可后发行的复制本中声明,该版本已获得文化部部长、体育部部长和旅游部部长的许可,除此之外,还应列出获得许可的日期。直至 2010 年,只有 10 部作品获得了许可。[2]

(4)英国

同其他国家一样,英国近几年也在认真考虑解决孤儿作品问题的方案。该问题为英国首相 2010 年 11 月发起的知识产权体系独立审查中十分重要的一个部分。审查小组于 2011 年 3 月发布的《哈格里夫斯报告》将孤儿作品描述为“著作权制度中最薄弱的部分”,并举例“在某些欧盟国家的档案馆里,孤儿作品率可达到 40%”。该报告指出,“只要这一事态持续下去,老旧的档案(如胶片及磁带)将会不断衰落,若还不将其数字化,这些档案可能永远消失”。[3]

2013 年,英国修订了《1988 年著作权、设计及专利法》,该法律授权英国国务卿为进行了尽职调查却未能找到著作权人的使用者使用孤儿作品授予非排他许可。该政府许可制度旨在与欧盟指

---

[1] 米梓源、丁可宁等:《国外孤儿作品合理使用问题的评介与思考——以日本、欧盟的法理思考为例》,载《图书馆杂志》2019 年第 9 期。

[2] U. S. Copyright Office, *Orphan Works and Mass Digitization: A Report of the Register of Copyright*, AOL (Sept. 3, 2016). https//copyright. gov/orphan/reports/orphan – works 2015. pdf.

[3] 何天翔:《〈哈格里斯夫报告〉评述——对英国知识产区立法改革一揽子计划的分析》,载《电子知识产权》2012 年第 9 期。

令中较为狭义的孤儿作品例外条例协同生效,并植入英国法律。正如英国知识产权局所述,该许可制度允许"英国国内所有被许可人可以以所有著作权作品允许的使用方式使用任何类型的作品",而欧盟指令则"仅允许特定受益机构以非商业性目的使用作品",且只具有复制及提供给大众这一权利。经过公众意见征集,涉及该问题的法律及孤儿作品许可计划(the UK Orphan Works Licensing Scheme)于2014年10月29日生效,[1]同时创建了世界上第一个为孤儿作品颁发许可证的在线系统,该系统自受理孤儿作品的商业和非商业用途申请以来,截至2018年10月,共发放144个许可证,涉及877个项目,即自该计划实施48个月以来,平均每月18件作品获得许可证,与英国知识产权局2014年发表的《英国开放获取9100万件孤儿作品》的数据相去甚远。[2] 英国孤儿作品许可计划与欧盟孤儿作品指令相比,其优点是允许孤儿作品的商业许可,但是并没有完全解决公共文化机构长期存在的孤儿作品问题,尽职调查要求仍然是大规模数字化和传播的主要瓶颈。孤儿作品许可计划引起了公众对非商业许可证的有效时间和成本的担忧。其被认为为不仅没有改善孤儿作品的获取途径,反而阻碍了公共文化机构大规模进行孤儿作品数字化的进程,同时也不可能提供机会创造性地二次利用作品内容或使公共文化机构藏

---

〔1〕 U. K. Intellectual Property Office, *Government Response to the Technical Consultation On Orphan Works*, AOL(July. 7, 2015), https//www. gov. uk/government/uploads/system/uploads/attachment_data/file/315078/Orphan_Works_Government_Response. pdf.

〔2〕 Martinez. M. & Terras. M, *Not Adopted': The UK Orphan Works Licensing Scheme and How the Crisis of Copyright in the Cultural Heritage Sector Restricts Access to Digital Content*, 5(1) Open Library of Humanities 1 – 51(2019).

品实现高效变现。[1] 因此,有学者建议,考虑到英国孤儿作品许可计划存在的问题以及欧盟孤儿作品数据库的不确定性,英国公共文化机构能采取的最佳方案是利用其主动权数字化和出版作品,并附上适当的移除通知(如果随后找到了著作权人,他可以要求从网上收藏中移除该作品)。[2]

(5)印度

为了发掘孤儿作品蕴含的科学文化价值,印度著作权法规定了针对孤儿作品的强制许可制度,但只有未发表或未向印度公众公开的已发表的孤儿作品才可适用该强制许可。[3] 印度 1957 年《著作权法》第 31A(1)节规定,当作者死亡、未知或下落不明,或者无法被找到,且作品未发表或源于印度时,任何人都可以申请强制许可证以开发孤儿作品。也就是说,根据 1957 年《著作权法》,当著作权人"死亡、未知或下落不明时",任何人可向版权委员会申请发表和使用该"孤儿作品",只要涉及的作品是印度作品。该项规定被 2010 年《著作权法(修订案)》修订,该法案于 2012 年 5 月 17 日由印度国会上议院通过,2012 年 6 月 21 日生效。2012 年《著作权法》第 17 节修订了 1957 年《著作权法》第 31A(1)节,将该节的适用范围扩大到任何作品(不一定必须是印度作品),无论该作品是否发表或向公众传播。2012 年《著作权法》第 17 节继续

---

〔1〕 最有力的证据是,截至 2019 年 5 月,英国广播公司、威尔士国家图书馆、苏格兰国家图书馆、大英图书馆和帝国战争博物馆等大型公共文化机构尚未向根据英国孤儿作品许可计划申请许可证。See Martinez. M. & Terras. M, *Not Adopted': The UK Orphan Works Licensing Scheme and How the Crisis of Copyright in the Cultural Heritage Sector Restricts Access to Digital Content*, 5 (1) Open Library of Humanities 1 – 51 (2019).

〔2〕 Martinez. M. & Terras. M., *Not Adopted': The UK Orphan Works Licensing Scheme and How the Crisis of Copyright in the Cultural Heritage Sector Restricts Access to Digital Content*, 5 (1) Open Library of Humanities (2019).

〔3〕 魏钢泳:《印度图书馆版权例外制度述评》,载《图书馆杂志》2019 年第 12 期。

对因作者死亡、未知、下落不明或无法找到,在印度被保留而未对公众公开的作品作出了规定。和之前一样,2012 年《著作权法》没有对有关孤儿作品规定中的作品分类进行认定,这意味着所有的作品,即文学、戏剧、音乐、艺术作品、录音等都包含在内。

2012 年《著作权法》的颁布对 1957 年《著作权法》第 31A(1)节进行了立法修订,但第 31A 节其他部分没有改变。1957 年法案第 31A(2)节规定,在提交申请前,申请人必须在全国大部分地区发行的日报的一期上以英语刊登其提议,若申请涉及出版作品任何一种语言的译文,申请人必须在任何一种日报的一期上以此同种语言刊登其提议。除此以外,为翻译一件孤儿作品,若申请人在履行其尽职调查义务后仍无法找到著作权人,该申请人必须在向版权委员会提交翻译并出版这件作品的申请前至少 2 个月,以挂号航空邮件的形式邮寄一份许可申请给名称出现在作品上的出版社。

若翻译文学或戏剧作品是在作品出版 3 年后,为教学或对某种印度不常用的语言进行研究,申请人必须在向版权委员会提交申请前至少 6 个月以挂号航空邮件的形式邮寄一份许可申请给名称出现在作品上的出版社。除此之外,申请人必须保证申请涉及语种的作品译文在向版权委员会提交申请后 6 个月以内未被著作权人出版。

若已进行了恰当的尽职调查,申请人则可以向版权委员会提交申请,提交申请的同时应该缴纳相关费用。申请要求填写有关信息,如作品类别、每册作品的价格、申请许可证的目的、作品的拟发行册数、出版作品的预估费用;每册作品的建议零售价、申请人认为应支付给著作权人版税的合理税率,以及申请人支付版税的方式等。

若版权委员会在进行审核后通过申请,它可以指示版权登记员授予申请人以出版作品或出版申请涉及语种的作品译文的许可证。获取许可证需要支付版税，且许可证的条款和条件由版权委员会确定。

每个许可证都应符合第31A(7)节关于已出版或未出版孤儿作品的规定所设定的条款和条件，对于孤儿作品的译文则应符合第32(4)(i)节，许可证应支付版税，并包括以下内容：a. 作品出版的周期或期间；b. 根据作品出售给公众的份数确定应支付给该作品著作权人的版税税率；c. 对于作品的译文，作品将被翻译并出版的语种；d. 版税支付对象。每个许可证的授予都应尽快在政府公报上予以通报，且应给每个其他相关方发送一份许可证的副本。

版权委员会在确定支付给著作权人的版税/费用规则时需考虑多个因素。主要包括：每份该作品的建议零售价、同类作品的通行版税标准，以及其他可能被版权委员会认为相关的事项。

当根据条款和条件授予许可证，并且确定了费率之后，版权登记员将引导申请人缴存由版权委员会确定的版税金额到印度国内的公共账户中或版权委员会规定的其他账户中。根据具体情况，著作权人或其继承人、遗嘱执行者可随时提取申请人缴存的版税。

在给予申请者以申诉的机会之后，版权委员会可根据以下任何一项理由撤销许可证：a. 被许可人未能在许可证设定的期限内或应被许可人申请得以延长的期限内生产和出版作品；b. 许可证是基于对重要事实的欺诈或歪曲而获得；c. 许可证与任何许可证的条款和条件相悖。

如上述a项所述，许可证的期限可由版权委员会应被许可人申请，且“只要可行”，通知著作权人之后予以延长。如果版权委员会认为被许可人有充足的理由无法在许可证设定的期限内生产、出版译文、复制作品或出版未出版的作品，版权委员会可决定延长期限。

印度的著作权集体管理组织在应对孤儿作品问题上并不发挥

作用,且没有登记处或数据库记录疑似孤儿作品。另外,也没有与侵权使用孤儿作品和重现作者相关的案例法。[1]

从加拿大、日本、韩国、印度等国家为解决孤儿作品使用问题所采用的强制许可模式不难看出,行政机关的介入和对提存使用费的要求有利于减少滥用孤儿作品的行为,维护著作权人的合法利益。公权力介入的方式能够令使用者在无法获得许可的情况下使用孤儿作品,从而明晰了权利义务关系。但是,该模式的弊端在于增加了社会成本,强制许可的申请和核准程序容易导致孤儿作品利用效率低下和消耗较多的行政资源。强制许可制度所确立的法定交易条件在定价效率这一问题上,缺乏灵活性,限制了孤儿作品价值的实现。

2. 延伸性集体许可模式

自愿的"一揽子许可证"是著作权人和集体管理组织使用的典型合同模式,向潜在用户提供受保护的作品。这种许可证消除了确定有关使用是否不在著作权法的各种例外和限制范围之内,以及使用是否须经许可和赔偿的必要性。对于潜在使用者来说,直接针对一个组织更为方便,该组织负责管理与某一特定类别作品有关的权利,从而节省了他从不同作者处获得不同作品许可证的搜索和谈判费用。著作权延伸性集体管理制度是指依据法律的规定,集体管理组织无须经过著作权人的授权而管理非会员的作品,但是著作权人明确拒绝管理的除外。延伸性集体管理制度的目的在于降低大规模数字化难以克服的事前许可成本。该制度起源于20世纪60年代的北欧国家。近几十年,北欧国家都实行延伸性集体许可制度。该制度允许集体管理组织在某些特定领域对

〔1〕 UK Intellectual Property Office, *Copyright, and the Regulation of Orphan Works: A Comparative Review of Seven jurisdictions and a Rights Clearance Simulation*, AOL, https//zenodo. org/record/8377/files/CREATe – Working – Paper – 2013 – 07. pdf.

部分作品进行许可,其中包括非组织成员的著作权人拥有的作品。许可涵盖许多作品的使用种类,包括直播及有线转播,出于教育目的的再版,用于商业及组织内部使用的再版,图书馆、档案馆及博物馆使用等。延伸性集体许可常被用来促进对社会有益的使用。在延伸性集体许可制度之下,著作权人代表和使用者代表会对约束条款进行探讨,除非著作权人选择退出。政府认定的集体管理组织收取许可费并管理该项收入。这并非强制性许可,因为评估的是当事人(而非政府),但其通常需要法律框架及政府一定程度的监管。

欧盟 2012 年颁布的《孤儿作品指令》并未涵盖许可体制。指令指出其不妨碍成员国现有的许可体制,将选择监管模式的自由留给了成员国。在欧盟成员国中,丹麦、法国、德国、荷兰是采用延伸性集体许可制度管理孤儿作品的典型国家。

(1)丹麦

2008 年丹麦《著作权法(修正案)》引入了全新的延伸性集体许可规范,第 50 条(2)规定:在特定领域内,若使用者已与有某特定种类作品相当数量作者参加的组织就作品开发达成协议,且这类作品在丹麦的此特定领域内使用,则使用者可申请延伸性集体许可。然而,若作者已经发布禁令禁止任何一个协议方使用其作品,则不能适用这项规定。

这项新规定是对现有延伸性集体许可规范的补充,并帮助大规模数字化,尤其是不限于与孤儿作品相关的大规模数字化,是一项扩大延伸性集体许可范围的规定。重要的是,在该延伸性集体许可规则下,著作权人可以发布禁令以禁止许可协议任何一方使用其作品(选择退出)。针对使用者或集体管理组织使用作品的禁令必须由著作权人亲自单独发布,并应指明禁令指向的作品客体。然而选择退出的做法鲜见于实践中。已为丹麦延伸性集体许可制度包含的作品用途类型包括:广播电视节目的转播、广播公司档案的转播、为教育用途而进行的复制、商业公司对杂志/报刊文章的内部使用、公共图书馆之间的作品传递、为视觉和听觉障碍者进行的广播电视节目广播、以一般信息形式对艺术作品进行复制、同步转播、有关录音制品公开播放的强制性集体许可。

第 50 条(2)给上述用途类型增设了新的规定,即任何代表相当一部分权利人的组织都能与使用者商讨协议,而这些协议对于未被代表的权利人也有效。换句话说,如果某集体管理组织在一个延伸性集体许可方案下收取非成员的版税,只要该非成员能表明其作品已被使用,则其有权对这笔收入提出主张。

为获取使用一件孤儿作品的有效许可,使用者必须与有关集体管理组织进行协商。使用者和集体管理组织之间达成的特定协议都需要文化部审批。协议在规定其他事项的同时,还要确定作品的具体用途。

由于集体许可机制的运用很广泛,在丹麦,集体管理组织起到了重要作用。丹麦主要的集体管理组织包括:代表作词人、作曲人和音乐发行人(包括表演者)的 KODA;管理机械绘图权的 NCB;以及代表文学作品和绘画作品作者、表演者和出版者的伞形集体管理组织 CopyDan。

集体许可制度下孤儿作品许可的价格不定,因为这类许可被包含在集体许可中且由使用者与集体管理组织根据个例逐一来商议确定。一个延伸性集体许可涵盖许可范围内所有的作品,因此没有为某个单独的孤儿作品的许可专设价格。一般情况下,丹麦著作权法不设定许可价格。

在延伸性集体许可制度下,有些作品可能在许可之后被发现是孤儿作品,而这时这些作品已经被使用。作品为孤儿作品的事实在集体管理组织发放版税时将顺势浮现出来。因此,丹麦集体许可的代表性意见是延伸性集体许可制度能够解决孤儿作品的问题,因为集体管理组织会自行对权利人进行搜寻。[1]

丹麦的制度剔除了使用者进行合理搜寻的要求,因此其著作权规则没有设定合理搜寻的标准作为使用孤儿作品的先决条件。但是,目前的实践是由集体管理组织来进行仔细搜寻以确定一件作品的权利人或权利人下落。若集体管理组织 3 年内无法确定权利人或其下落,以某种特定方式使用作品而获得的收益将分发给同类型的其他权利人。例如,若一所学校为复印一本书而与 CopyDan 签订协议,3 年后依然无法找到书籍作者的下落,则 CopyDan 将在被学校复制的其他书籍的作者之间分配这笔收入。

丹麦《著作权法》没有要求设立包括已使用或现存孤儿作品的登记或数据库。但是,由于目前欧盟通过了《孤儿作品指令》,丹麦政府已开始努力达到欧盟标准,以现有的 ARROW 数据库为模板为已使用的孤儿作品设立数据库,来帮助达到尽力查找义务的要求。

总而言之,丹麦政府和丹麦著作权相关文献认为,延伸性集体许可制度足以有效应对孤儿作品的重现作者的权利。

(2)法国

法国《20 世纪绝版书数字化法案》于 2012 年 3 月 1 日通过,同年 9 月 1 日生效。这部第 2012/287 号法修订了法国《知识产权法典》,在法典首部第一卷第三个标题下增加新的一章(第四章)。该法增加的内容包括:该法适用于 2001 年 1 月 1 日前在法国出版的,现今不再以书面或数字形式进行商业发行的图书。一旦一本书被列为非流通书籍并被列入国家登记册,该书的数字版权管理将被分配给一个集体管理组织,除非作者或出版商反对或选择退

---

[1] UK Intellectual Property Office, *Copyright, and the Regulation of Orphan Works: A Comparative Review of Seven Jurisdictions and a Rights Clearance Simulation*, AOL, https//zenodo. org/record/8377/files/CREATe – Working – Paper – 2013 – 07. pdf.

出,该组织有权授予非排他性许可证,以数字形式复制和传播这些作品。如果著作权人在10年内没有对其作品提出权利要求,图书馆和档案馆将被允许对其(有些例外)进行数字化,并免费提供对其的访问,只要该机构不追求商业或经济优势。[1] 每本被划分为非流通的书籍都被列入清单,保存于法国国家图书馆的登记处。著作权人或出版商有6个月时间反对特定集体管理组织对书籍数字版权的管理。就出版商而言,反对就意味着要在2年时间内使用此书。若无人反对,集体管理组织则有权对书籍进行复制,并以数字形式传播此书籍。拥有印本所有权的出版商拥有同集体管理组织协商的优先权,以争取数字版的独家许可。该协商应于3年内完成,否则集体管理组织将把独家数字许可提供给其他出版商。若作品转移给集体管理组织后10年内没有著作权人声明其所有权,且图书馆及档案馆并非追求商业或经济利益,则其有权将其数字化,并免费供读者使用。[2]

尽力查找的要求被包含在孤儿作品的定义中,但并未由法律明确规定。此外,寻找权利人的活动一般由指定的集体管理组织负责。由于法国法律已经超出了北欧延伸性集体许可模式,其对收费协会授予管理权,且收费协会无须证明其代表相关著作权人,故该法律常常被人诟病。

(3)德国

2013年德国为1996年1月1日前出版的,目前为公共图书馆、教育机构、博物馆及类似机构所收藏的非商业作品颁布了相关

[1] Oleksandr Bulayenko, *Permissibility of Non - Voluntary Collective Management of Copyright under EU Law - The Case of the French Law on Out - of - Commerce Books*, 7 Journal of Intellectual Property, Information Technology and Electronic Commerce Law 51(2016).

[2] U. S. Copyright Office, *Orphan Works and Mass Digitization: A Report of the Register of Copyright*, AOL(Sept. 3, 2016), https//copyright. gov/orphan/reports/orphan - works 2015. pdf.

法律,为其提供延伸性集体许可。[1] 该法律假设,若相关作品已经被列入政府登记处的非商业作品名单,著作权人在6个月内没有提出反对,且该作品未用于商业用途,则管理此类著作权的集体管理组织有权对非成员的作品进行处理。[2] 德国的做法包括尽力查找的要求,要求图书馆在使用孤儿作品前必须与集体管理组织商议并向其缴纳一定费用,这笔费用将用于支付作者重现时的侵权赔偿。该集体管理组织无权许可使用孤儿作品,因此这笔费用不是许可费。由于出版书籍数据库(Verzeichnis Lieferbarer Bücher,VLB)的存在,德国尽力查找的要求得以简化。

(4)荷兰

在荷兰,孤儿作品也是通过协议方式加以使用的。例如,EYE电影协会为视听作品的数字化开发而与有关集体管理组织商议,通过延伸性集体许可的形式来使用孤儿作品,该协议对于未被代表的权利人同样适用。未被代表的权利人可以选择退出,该协议有效期为3年。当然,选择退出的权利只有在知晓权利人是谁的情况下才可行使。这项规定在实践中的运作可能会被质疑,但选择退出权利的目的在于以不将协议强加于权利人的形式来保护权利人的利益。国家图书馆、荷兰文学数字图书馆和国家档案馆也和相关集体管理组织签订了协议。[3]

---

〔1〕 U. S. Copyright Office, *Orphan Works and Mass Digitization*: *A Report of the Register of Copyright*, AOL (Sept. 3, 2016), https//copyright. gov/orphan/reports/orphan – works 2015. pdf.

〔2〕 U. S. Copyright Office, *Orphan Works and Mass Digitization*: *A Report of the Register of Copyright*, AOL (Sept. 3, 2016), https//copyright. gov/orphan/reports/orphan – works 2015. pdf.

〔3〕 UK Intellectual Property Office, *Copyright, and the Regulation of Orphan Works*: *A Comparative Review of Seven Jurisdictions and a Rights Clearance Simulation*, AOL, https//zenodo. org/record/8377/files/CREATe – Working – Paper – 2013 – 07. pdf.

从上述国家的规定不难发现，延伸性集体管理制度的适用可以降低大规模数字化需要的事前许可成本。对孤儿作品来说，著作权归属本就不明晰，通常情况下，使用者很难通过集体管理组织获得授权，而延伸性集体管理条款可以帮助使用者直接取得孤儿作品的使用权，有助于降低交易成本，但是，延伸性集体管理机制使集体管理组织一次性获得了数字化使用孤儿作品的权利，导致其他主体在获取作品的规模上无法与集体管理组织竞争，并阻碍了其他使用者商业模式的实现。[1]

3. 强制许可和延伸性集体许可的双重模式

所谓双重模式，是指有的孤儿作品由中央授予非独占强制许可来进行管理，其他孤儿作品由集体管理组织以延伸性集体许可的方式管理。匈牙利是实行双重模式的典型国家。

在匈牙利，著作权由 1999 年《第 LXXVI 号关于著作权的法令》来调控。为应对孤儿作品问题，这部法律在 2008 年由第 CXII 号法令（2009 年生效）进行修订。强制许可制度依托于匈牙利知识产权局，由该局对专利、工业设计和著作权进行管理。在著作权方面，其设置了著作权作品的自愿登记处。登记处为集体管理组织提供著作权许可价格上的意见，并管理版权专家委员会（提供其他争端解决方法的顾问机构）。在匈牙利著作权法的孤儿作品条例指导下，若一件作品的著作权人未知，或已知但下落不明，则该作品为“孤儿”。匈牙利知识产权局可以允许申请者使用孤儿作品，不论其目的是营利还是非营利，只要该申请者进行了有记录

〔1〕 作为“谷歌案”中数字化作品的潜在使用者，雅虎公司和亚马逊公司等网络服务提供者均请求对谷歌公司进行反垄断审查，原因在于谷歌公司创制的集体管理制度限制了著作权市场竞争。在许可条件的设定上，图书权利登记中心利用延伸性集体管理机制直接获得了谷歌公司孤儿作品和绝版作品的使用权。转引自熊琦：《大规模数字化与著作权集体管理制度创新》，载《知识产权》2006 年第 2 期。

的尽职调查并进行合理赔偿即可使用。孤儿作品使用许可的有效期限不超过5年,仅在匈牙利有效,且非独占,不可转让。可被许可的用途不限于数字化,而是包括了作品的任何潜在用途。许可证申请必须指明作品使用的类型(模式)、范围和计划期间。许可证的价格由匈牙利知识产权局根据作品用途和使用期限来设定,且这笔费用应事先缴纳作为使用作品的先决条件。匈牙利知识产权局授予或拒绝授予许可证的行政决定由布达佩斯城市法院通过简易民事程序进行复审(而非上诉),并且,匈牙利知识产权局只允许对尚未获得集体许可的孤儿作品授予许可。若作品归集体组织管理,且作者选择退出并隐姓埋名或去往未知国家生活,那么匈牙利法律文件就会建议此类作品获得孤儿作品强制许可。2013年Clix法案颁布,匈牙利《著作权法》中的孤儿作品条款得以修订,以实施欧盟《孤儿作品指令》。修订以后,指令中未提到的使用者依旧像从前一样向匈牙利知识产权局提出申请,请求知识产权局许可使用孤儿作品。根据指令,所有与孤儿作品有关的变动规定都于2014年10月29日生效。

重现的权利人可在许可证期满或撤销后5年内主张许可获得的收益,超过上述期限,则无主收益将转给集体管理组织,若无这类组织,则转给国家文化基金会。对匈牙利知识产权局设定价格的争议可由普通法院通过适用于著作权侵权诉讼的普通程序解决。

如果权利人在许可证期满前重现,则许可证应被撤销。撤销的请求可由使用者或权利人作出。然而,若已开始使用,则该使用最多可再持续1年时间。著作权法实际上规定如果使用者已经做了“大量准备工作”,“使用可开始并持续到与确定著作权人是谁或确定著作权人住所时已做出的准备工作相对应的程度”。这表明在一件孤儿作品的作者找到之前,使用者已对该作品的使用作出大量投入,使用者可以在已使用的范围内继续使用该作品。[1]

根据匈牙利法,事先必须要对孤儿作品的权利人进行尽力查找才能对其进行合法使用。尽力查找的要求取决于使用者的种类和使用类型。

匈牙利法为已授予许可证的孤儿作品设立了登记处,该登记处由匈牙利知识产权局管理,其中仅包含知识产权局已授予许可证的孤儿作品。该登记处对公众开放,登记信息包括:申请编号、认定孤儿作品的详细信息、作品许可使用的范围、报酬额度以及缴存日期、在被撤销的情况下许可证的撤销及撤销的日期、可能的情况下有关孤儿作品争议的司法程序,另外,若被许可人同意,有关被许可人的详细信息也可被包含在登记中。

需要指出的是,只有被许可的孤儿作品被包含在登记中。因此,这不能被用来寻找权利人或防止孤儿作品的产生。

匈牙利《著作权法》为孤儿作品的非营利性使用规定了例外情况。非营利性使用者不需要向知识产权局缴存许可费。他们只在作者重现时直接向作者支付报酬。另外,孤儿作品的有些用途包含在著作权法的一般性例外中。

此外,在某些情况下孤儿作品处于集体管理组织负责的延伸性集体许可制度之中,该制度在匈牙利适用于著作权作品的一些大规模使用的情形。匈牙利延伸性集体许可制度中包含由集体管理组织授予广播公司的许可,这种许可的条款对非集体管理组织成员的权利人同样有效。因此,即使作品的权利人未知或下落不明,该作品也可成为支撑许可协议的客体。

最后,由于立法相对较新且至今尚未有许可证被授予,匈牙利

---

〔1〕 UK Intellectual Property Office, *Copyright, and the Regulation of Orphan Works: A Comparative Review of Seven Jurisdictions and a Rights Clearance Simulation*, AOL, https//zenodo. org/record/8377/files/CREATe – Working – Paper – 2013 – 07. pdf.

实践的相关数据无法获得。这种强制许可和延伸性集体许可相结合的制度,似乎能够保障法律确定性和权利人的利益,但是并不适合大规模数字化的情形,且实施成本更高。知识产权局对于价格的确定不是采取客观标准,因为这有可能导致昂贵的诉讼。另外,孤儿作品数据库只包括已被许可的孤儿作品,这相对于全部孤儿作品的记录是不完整的。[1]

二、孤儿作品使用的事后模式

(一)事后模式背后的论理逻辑

孤儿作品使用的事后模式,即有限责任模式的法律本质源于“侵权阻却说”。[2] “侵权阻却说”的论理逻辑是,未经许可使用他人的作品构成形式违法,但由于有阻却事由,不构成实质违法。[3] 美国版权局 2006 年和 2008 年先后两次向国会提交的孤儿作品法案议案虽然均未通过国会审议,但是法案最显著的特点是依据“侵权阻却说”,明确了未经许可使用孤儿作品是一种侵权

---

[1] UK Intellectual Property Office, *Copyright, and the Regulation of Orphan Works: A Comparative Review of Seven Jurisdictions and a Rights Clearance Simulation*, AOL, https//zenodo. org/record/8377/files/CREATe - Working - Paper - 2013 - 07. pdf.

[2] “侵权阻却说”认为未经著作权人许可使用孤儿作品是著作权侵权的阻却事由。这一观点首先假定未经著作权人许可使用孤儿作品即是侵权行为,概因法律的规定,推定其违法性失效,因而不以侵害他人著作权论。我国台湾地区学者张静认为,“以著作权之本质言,乃独占排他权,理论上任何人未经同意不得利用,否则与排他权有所不合。唯国家基于公益,不得不予著作权以限制,但所能限制者,仅是从实质违法之观点,予以阻却违法,并不能阻却其行为之侵害性”。张静:《著作权法评析》,台北,水牛图书出版事业有限公司 1983 年版,第 241 页。

[3] 违法有形式违法与实质违法的区分。前者系对法律、法规之违反,后者是对公共秩序、善良风俗之违反。在行为未有阻却违法事由时,侵害行为即是违法性行为,依形式违法判断即可。如行为具有违法阻却事由时,则须从实质违法观点判断,即应考虑其行为有无符合社会共同生活所承认的目的,如未构成实质违法则不予处罚。

行为,但在满足法定条件的情况下,可以减轻或豁免侵权责任,通过限制侵权人的侵权责任,平衡权利人和使用者的利益,从而促进孤儿作品的使用。

有限责任模式限制了侵权人的侵权责任,降低了侵权人对于高额损害赔偿金和禁令的恐惧,有利于促进孤儿作品的使用;对于权利人而言,他们随后重新出现可以获得合理补偿,这也消除了他们的后顾之忧,不会打击权利人创作的积极性;更重要的是,勤勉寻找的抗辩事由可以保证侵权人努力寻找权利人,重视权利人的身份信息,从而在一定程度上减少孤儿作品的数量。

（二）有限责任模式

美国是目前唯一采用有限责任模式解决孤儿作品问题的国家。美国版权局于 2006 年 1 月发表了第一份孤儿作品报告。在报告中,版权局将孤儿作品定义为“诚信使用者无法找到原创作品的著作权人,且法律规定使用该作品需要征得著作权人的同意”。该报告记录了那些无法找到著作权人的使用者的经历以及涉及的作品和相关项目。版权局在报告中引用了公众的评论,以证明孤儿作品问题影响的利益相关者群体十分广泛,其中包括大众、档案馆、出版商及电影制造商。对于前述许多使用者而言,“不论承担侵权的责任风险多么微小,都足以让他们远离孤儿作品,不去使用”。因此导致的结果就是“与公众兴趣相悖,尤其是当由于作者离世而无法确定,或因为作者并不在意是否限制其作品的使用权”[1]。

美国第 109 届及第 110 届国会都对孤儿作品问题进行了考量,每一次都采纳了版权局提出的许多建议。两次立法案中都提

---

〔1〕 U. S. Copyright Office, *Orphan Works and Mass Digitization: A Report of the Register of Copyright*, AOL (Sept. 3, 2016), https//copyright. gov/orphan/reports/orphan - works 2015. pdf.

到了以下三点:(1)当使用者对作品进行了相当程度的尽职调查后,只需在著作权法的指导下作出有限赔偿;(2)根据个案情况采取不同做法,即使用者不应假设孤儿作品会无限期保持孤儿状态;(3)允许著作权人或其他所有者事后可从使用者处得到合理赔偿,但并非法定赔偿或律师费。

2008 年,美国国会几乎要为孤儿作品立法,但休会之前并未这么做。众议院和参议院都提出了孤儿作品法案。参议院通过的《2008 年孤儿作品 Shawn Bentley 法案》增加了一些附加或修订条款的一部分,以解决摄影师、插画家和其他视觉艺术家以及纺织和家居制造商提出的问题。该法案对以下几种情况的侵权人赔偿进行设限:在使用作品前进行了尽职调查的,将作品归属权归为著作权人的;在大众传播、展览或使用作品时提出了声明或做了标记的。立法同时要求调查尽可能使用一些适当的方法或资源,包括调查网上无法找到的版权局资料及收费资料。假如使用者开展了尽职调查并记录了其过程,那么只需对被侵权作品进行"合理赔偿"。实际损失、法定赔偿及律师费都不包含在合理赔偿的范围内。在许多情况下,合理赔偿相当于或等同于许可费,著作权人必须证明相同情形中的使用者也以相同价格对其使用进行许可。法案还允许采用禁令救济以阻止或限制侵权行为,但以下几种情况除外:其一,使用者在使用孤儿作品时加入了大量原创表达;其二,对使用作出合理赔偿;其三,根据要求将作品归属权归于法定著作权人所有。

此外,2006 年和 2008 年两个孤儿作品法案都规定建立已用孤儿作品档案和绘画、图像及雕塑作品数据库,这将有利于权利获取和寻找权利人。前者应由版权登记处管理,作品的使用者应向登记处提交使用通知,登记处可以将档案对公众开放。使用通知应当包含作者信息(如果有)、使用者以及使用作品的方式,通知也应包含关于已进行的勤勉搜寻的概要以及使用者已经善意进行了符合要求搜寻的证明。[1]

美国应对孤儿作品问题的方式集中于限制使用者的赔偿责任，以最大限度地使公众能够获取孤儿作品并促进公共电子图书馆的发展。这反映出在著作权问题上美国是典型的市场驱动立场。虽然孤儿作品法案至今未能通过，但法案对勤勉搜寻的判断以及著作权行政部门对搜寻的指引、救济限制适用的条件和例外、合理补偿金额的确定等仍然具有一定的借鉴意义。美国版权局在2015年的《孤儿作品与大规模数字化：著作权登记报告》（以下简称《2015年报告》）中仍然主张适用限制责任解决孤儿作品问题，但同时为了应对大规模数字化的需要，提出了一个“试验项目”，该项目为三类著作权作品（文学作品，作为插画、图表或文学作品附加品的图片或绘画作品，以及照片）提供了一个较为有限的延伸性集体许可框架，该框架允许这三种作品的著作权所有者组成一个集体管理组织，并从版权局处获得许可，为某些大规模定制活动签发延伸性集体许可，或通过已有的集体管理组织获得许可。[2]

值得注意的是，美国版权局《2015年报告》重点关注非营利机构，如档案馆、教育机构、图书馆、博物馆和公共广播机构，以及这些机构在收藏孤儿作品方面面临的问题。然而，《2015年报告》特别指出，关于孤儿作品问题的提案都是基于个案申请。[3] 档案馆、图书馆和部分博物馆认为，个案处理制度过于冗余，对于可能

---

〔1〕《〈2006年孤儿作品法案〉议案及〈2008年孤儿作品法案〉议案》，韩莹莹译，支振锋校，载《环球法律评论》2009年第1期。

〔2〕U.S. Copyright Office, *Orphan Works and Mass Digitization: A Report of the Register of Copyright*, AOL (Sept. 3, 2016), https//copyright. gov/orphan/reports/orphan – works 2015. pdf.

〔3〕U.S. Copyright Office, *Orphan Works and Mass Digitization: A Report of the Register of Copyright*, AOL (Sept. 3, 2016), https//copyright. gov/orphan/reports/orphan – works 2015. pdf.

持有成百上千件可能成为孤儿作品的机构来说,完全行不通。这些部门担心,为达到孤儿作品限制责任所采取的步骤会很耗时且昂贵,操作起来会很困难。美国版权局意识到了非营利机构的担心,为其制定了一个安全港,为符合规定的版权使用者提供更多的有限责任,如果符合条件的非营利组织能够证明:(1)其符合孤儿作品安全港的要求;(2)侵权行为没有任何直接或间接商业利益意图;(3)其最初主要将孤儿作品用于教育、宗教或慈善目的;(4)在著作权人发出侵权声明后,立即停止使用孤儿作品,则法院将不能强制非营利机构为使用支付赔偿。但是,该安全港不适用于非营利机构。[1]

美国版权局在《2015 年报告》中还指出,相比系统使用,个案申请将更能保护著作权人。系统使用要通过以下前提条件来实现:作品的每一个潜在使用者应通过适当步骤,达到孤儿作品的限制责任。任何作品的潜在使用者不得蹭用之前使用者的调查及相关文件。每一位潜在使用者都应进行适当地调查并提交所需的表格,这样做就更可能在未来使用著作权人的作品之前确定并联系到著作权人。通过这些步骤,也更可能获得著作权人的注意,使其发现其作品可能被潜在使用者视为孤儿作品。这将导致以下结果,由于在申请孤儿作品限制责任之前,需要对每一个孤儿作品进行单独调查,因此,个案系统对著作权人更为友好,因为该系统创造了更多的机会来认定著作权人并将其作品从孤儿作品中删除,同时,个案制度对于保护非营利机构以及它们在保护作品方面所做的工作是非常重要的。

三、对事前模式和事后模式的总结

寻求解决办法,克服孤儿作品对藏品数字化和数字传播造成

---

[1] Young, Aaron C., *Copyright' s Not so Little Secret: The Orphan Works Problem and Proposed Orphan Works Legislation*, 7:(2) Cybaris ® Article 1 (2016).

的障碍,仍然是国际社会感兴趣的话题和悬而未决的问题。欧盟采取一种由利益驱动的模式,在将作品宣布为孤儿作品之前作出一切必要努力,以便所有成员国都能使用这些作品。从结果来看,成员国在详细的尽职调查程序和数据库方面取得的进展,使这一过程得以记录在案,欧洲模式也正在逐步取得进展。在美国,对孤儿作品立法缺乏共识,这意味着必须探索其他替代方案。从结果来看,加拿大采用的强制许可模式似乎也并不有效,尤其是对于大型数字化项目。通过对以上国家及地区立法的考察,可以归纳出孤儿作品使用模式的主要特征。

(一)使用模式的法律性质

在以上考察的国家中,对孤儿作品的使用采取了两种不同的模式:第一种是事前模式,涉及使用作品之前的权利取得;第二种是事后模式,主要涉及使用者对孤儿作品风险的管理。在前一种模式中,使用者需要向授权机构或集体管理组织申请才能获得使用孤儿作品的许可。与此相反,后一种模式则需要创设著作权的法定例外,或限制使用者努力确认权利人(如尽力查找)之后使用孤儿作品的责任。这些模式给权利人和使用者提供了不同程度的保护。

在以加拿大、日本和印度为例的事前模式中,使用者必须与版权委员会商议价格。在事后模式中,只有在著作权人重现的情况下才需要支付报酬,这种方法以美国为例。比较上述国家及地区对作者的事前保护(如在作品被使用前保护著作权人的权利)和事后保护(为保证著作权人受到公平补偿)作出的相关规定可以看出,事前模式以使用作品前对查找精确度方面的规定为代表;事后模式则以有关预先为孤儿作品许可支付使用费、建立第三方托管制度和简化的侵权诉讼制度的规定为代表。在使用作品前对著作权人的大力保护经常与使用作品后对著作权人较弱的保护配套。直观地看,这将在著作权人获得公平补偿和作品使用者利益之间形成一个更好的平衡。例如,有的国家如果在使用作品之前对著作权人提供低度保护,则事后会设定一个强有力的补偿制度,以实现使用作品后对著作权人进行有保障且有效的补偿。相反,有些国家在使用作品前对著作权人即进行有力保护(需有文件证明的尽力查找要求、公告和孤儿作品的公共登记),在作品被使用后为保障著作权人权益的公平补偿的条款则一般规定得并不严格。分析可知,印度、匈牙利和日本,事前和事后保护都很有力;欧盟的有力保护则仅仅针对事前;美国、加拿大和丹麦保护力度则相对较低,其他国家则相对平均。[1]

美国尚未通过的孤儿作品法案考虑了有限责任模式,在这种模式下,经过合理搜寻后孤儿作品可被使用。在侵权诉讼的情况下,孤儿作品的使用者只需进行合理补偿。丹麦使用延伸性集体许可制度,这包括与使用者进行协商,并对未被代表的作者同样有效。而欧盟将选择监管模式的自由留给各成员国。从上述分析可知,有三种监管模式:强制许可、延伸性集体许可和有限责任。强制许可和延伸性集体许可在性质上属于对著作权的限制,使用者通过特定机构授权机制所获得的利益不足以成立一个主观权利,而是著作权人承受法律负担的一个反射效果。有限责任模式的法律本质源于“侵权阻却说”,未经许可使用孤儿作品构成形式违法,但由于有阻却事由(因属孤儿作品),不构成实质违法,并提供了一种使用孤儿作品后减轻或豁免侵权责任的指导规则,通过限制侵权人的侵权责任来平衡权利人和使用者的利益。

事后模式似乎于涉及孤儿作品的图书馆、档案馆和其他非营

---

〔1〕 UK Intellectual Property Office, *Copyright, and the Regulation of Orphan Works: A Comparative Review of Seven Kurisdictions and a Rights Clearance Simulation*, AOL, https//zenodo. org/record/8377/files/CREATe – Working – Paper – 2013 – 07. pdf.

利性机构有利,因其使得这些组织能够与公众分享他们收藏的孤儿作品。相反,事前模式所采取的权利获取预付制度则恰当地促进了孤儿作品的商业性使用,同时也保证了重现的权利人能够获得对作品进行使用的补偿。在事后模式下,申请人无须支付任何费用,除非权利人重现,这种情况促使孤儿作品的使用者仅付出有限努力去确定真正的权利人。而事前模式则激励申请人付出相当大的努力来确定权利人,否则将不被授予许可,或者申请人必须另存一部分费用来对重现的权利人进行可能的补偿。

(二)作品种类

已考察的立法似乎囊括了所有创造性作品。只有欧盟的做法不同,明确指明了被选机构收藏或档案中的作品种类,且都要以公共利益职能为限。多数国家都涵盖了商业性和非商业性使用(欧盟法要求以公共利益为限)。

(三)费率设置及质疑机制

在采用特定机构许可机制的国家及地区中,作品使用费率由特定机构设置,丹麦则由集体管理组织设置。

在加拿大、日本、印度、丹麦和法国,申请者一般需支付预付款以换取对孤儿作品的使用。在匈牙利,金额被确定后,非营利性被许可人可不缴存,在著作权人重现的情况下,这笔费用将直接支付给著作权人。在美国,只有在提起侵权诉讼且法院予以判决之后才需要支付费用。

在考察的国家及地区中对价格的质疑在大多数情况下可以在普通法院进行诉讼,或在发放许可证的机构中通过准司法程序进行(如加拿大)。在丹麦,价格设置和侵权诉讼由特别法庭管辖(版权许可法庭)。在欧盟层面并没有关于上述有关价格、侵权和法律救济的规则,欧盟将这些问题留给各成员国自由裁量。

（四）集体管理组织的角色

在丹麦，集体管理组织起到了特别重要的作用，它们负责整个机制的运作。在匈牙利，集体管理组织在许可证到期 5 年后开始保有无主收益。在加拿大，集体管理组织在设置费率过程中提供咨询意见，且保有所收的费用。

（五）是否有记录疑似孤儿作品的登记处或记录数据库

美国、匈牙利和法国为疑似孤儿作品设置了公共在线自愿登记处。欧盟在内部市场协调局中设立登记处。在日本，有的机构拥有它自己的孤儿作品登记处。印度、加拿大和丹麦（在《孤儿作品指令》出台之前）则没有登记处。然而，在加拿大，所有许可证的详细信息都可以在网上查询到。公告要求（在全国性报刊或同等媒体上）只存在于日本和印度。预防性查找著作权人的要求包括丹麦（不要求查找）、加拿大（要求“合理的努力”）和美国（要求“合理的查找”）等预防性查找著作权人的薄弱规定，以及印度、日本、匈牙利和欧盟（法国除外）对使用者的强势规定，其均为使用者设定了“尽力查找”或“尽职调查”的义务并对使用者采取的步骤进行记录追踪。

（六）无主收益的管理

用第三方托管制度来收取一定时间段内的无主收益的方式在印度、匈牙利和加拿大都存在，而在其他国家则是由中央机构或集体管理组织直接补偿给重现的著作权人。在美国，经法院判决，重现的著作权人由使用者直接补偿。值得注意的是，建议性欧盟指令的第一版草案提到了成员国设立第三方托管制度的可能性，但该规定在现行指令中被删除。同时，法国在其现行立法中采用了第三方托管制度。

上述结论表明绝大多数实行强制许可制度的国家对著作权人

提供的保护更为有力。同时,有必要考虑对著作权人的保护(根据使用孤儿作品添加的手续)要与国家的总政策目标相一致,即为保护文化遗产而传播孤儿作品并对大规模数字化项目提供法律框架。

本章小结

各国家及地区的法律,反映了各国家及地区的实际问题,也因此形成了各自有别的法学传统。在孤儿作品的使用模式上,各国家及地区形成了风格迥异的制度。

一些国家及地区如加拿大、日本等,采用强制许可制度解决孤儿作品问题。这主要是出于保护公共利益的目的,在使用者因著作权人不明等原因无法获得许可时,可由行政机关使该使用行为合法化,这既便利了使用者,同时也顾及了著作权人的利益。

美国《2008 年孤儿作品 Shawn Bentley 法案》是解决孤儿作品问题的一个审慎的,技术中立的,创新的且协调的方式。[1] 该法案规定了"责任限制"模式,使用者可以在尽力查找权利人无果时直接使用孤儿作品。著作权人重现后可提起侵权诉讼。如果法院认定使用者已尽到了尽力查找义务,则著作权人只能要求使用者给予合理赔偿。

欧盟相继发布了《关于数字保存、孤儿作品和绝版作品的报告》《孤儿作品勤勉查找指南谅解备忘录》《知识经济的著作权和相关权重塑》《知识经济时代的著作权绿皮书》《欧盟孤儿作品影响评估报告》等文件。2012 年欧盟《孤儿作品指令》并未涵盖许可

---

〔1〕 U. S. Copyright Office, *Orphan Works and Mass Digitization: A Report of the Register of Copyright*, AOL (Sept. 3, 2016), https//copyright. gov/orphan/reports/orphan – works 2015. pdf.

体制。指令指出其不妨碍成员国现有的许可体制，将选择监管模式的自由留给成员国。在欧盟成员国中，丹麦、法国、荷兰是采用延伸性集体许可制度管理孤儿作品的典型国家。作品为孤儿作品的事实在集体管理组织发放版税时将顺势浮现出来。目前的实践是由集体管理组织来进行仔细搜寻以确定一件作品的权利人或权利人下落。

第五章 孤儿作品的使用规范

孤儿作品的使用规范作为孤儿作品使用制度框架下既定的内容,所应对的是孤儿作品使用中需要解决的一些共性问题。这些共性问题至少包括孤儿作品制度的适用范围、孤儿作品使用的前置条件和孤儿作品的使用费标准等。

一、孤儿作品使用制度的适用范围

在孤儿作品使用制度的设计中,首先要解决的问题是孤儿作品使用制度的适用范围,即适用的客体和主体。孤儿作品使用制度是否适用于外国作品、未发表的作品、特殊种类的作品,是否仅适用于特定主体等都是我们需要认真思考的问题。我国学者主要围绕孤儿作品使用制度是否适用于外国作品、是否适用未发表的作品以及孤儿作品使用者的范围等问题进行了探讨。关于孤儿作品的适用范围是否排除外国作品,学术界有不同的态度。有学者认为,如果将外国作品纳入孤儿作品范围,可能引发违反国际著作权条约的风险。反对观点则认为,将外国作品纳入孤儿作品范围,可供利用的作品数量将随之大幅增加,有利于本国的利益。[1] 关于孤儿作品是否包括外国作品的问题,加拿大《著作权法》第77节规定,加拿大版权委员会有权批准与加拿大有“实际且实质关联”的人或活动的费率。因此,加拿大版权委员会被认为有授予在加拿大境内使用一件下落不明的外国人的孤儿作品许可证的

---

〔1〕 王迁:《“孤儿作品”制度设计简论》,载《中国版权》2013年第1期。

权利。

关于未发表作品是否应纳入孤儿作品范围的问题，有学者认为，为了保护发表权，孤儿作品的适用范围不包括未发表的作品。[1] 对于孤儿作品的使用主体是否应当为特殊主体的问题，有学者认为，如果我国对孤儿作品允许商业性使用则会引起不必要的争议，故现阶段宜将孤儿作品的使用主体限制在公共文化机构范围内。[2]

对于孤儿作品是否限于已发表的作品，不同国家采取的态度是不一致的。美国有学者主张为保护作者的隐私权和发表权，孤儿作品不应包括未发表的作品。反对观点则认为使用未发表的孤儿作品有利于充分发挥此类作品的文化价值。

欧盟《孤儿作品指令》规定作品包括：(1)首先在欧盟成员国发表或首次广播，受著作权或相关权保护，上述机构中的已发表的图书、期刊、报纸、杂志或其他出版物，还有电影、音像作品或录音，以及公共广播组织在 2002 年 12 月 31 日前制作并存放于其档案馆的电影、音像作品或录音；(2)虽然没有正式发表或广播，但经权利人同意，由上述公共文化机构收藏的上述各类作品；(3)与前两项提到的作品或录音不可分割的作品或内容。因此，欧盟的规定包括未发表的作品。欧盟委员会备忘录——《关于孤儿作品最常问的问题》中也提到，“在特定条件下，指令同样适用于未发表作品，例如信件、手稿等”。欧盟《孤儿作品指令》规定未发表的孤儿作品经由使用者向社会公开，应存在著作权人不反对作品发表的合理推定。该推定对于解决未发表的孤儿作品的使用困境，具有借鉴意义。美国 2006 年和 2008 年孤儿作品法案都将未发表作

---

〔1〕 王迁：《“孤儿作品”制度设计简论》，载《中国版权》2013 年第 1 期。

〔2〕 管育鹰：《欧美孤儿作品问题解决方案的反思与比较——兼论我国〈著作权法〉相关条款的修改》，载《河北法学》2013 年第 6 期。

品涵盖在孤儿作品的范围之内，英国 2014 年的孤儿作品立法也未排除未发表作品。而加拿大立法则明确将未发表作品排除在孤儿作品范畴之外。可见，对于孤儿作品的制度安排是否包括未发表作品在各国家及地区并不一致。

关于孤儿作品使用者的范围，欧盟《孤儿作品指令》明确限制了使用孤儿作品的主体和目的，但多数国家的孤儿作品使用制度适用于所有经尽力查找仍然无法确定著作权人的作品，对使用者没有特殊要求，如美国、加拿大、日本、英国等，这主要是考虑到对公共文化机构的非营利性很难作出泾渭分明的判断。

（一）孤儿作品使用制度适用的客体

所有类型的作品是否都适用于孤儿作品使用制度，对此学术界目前尚有争议。

1. 外国作品的适用问题

有关孤儿作品的条款是否适用于外国作品的问题，与一国加入的著作权国际公约的规定有很大关系。该观点在一些国家著作权法所规定的孤儿作品条款中得到了肯定。

加拿大《著作权法》第 77 节对孤儿作品进行了规定。根据第 77 节的规定，当“作者下落不明”时，作品即为“孤儿”。使用和开发孤儿作品非独占性许可的授予，需根据条款和条件来决定，由加拿大版权委员会管理，该委员会是“一个被赋予确定使用著作权作品版税权利的经济监察机构，无论确定版税的行为是必须的或应相关方请求而作出的……并有权为使用作者下落不明的作品而授予许可证的权力”。因此，委员会被认为有授予在加拿大境内使用一件下落不明的外国人的孤儿作品许可证的权利。

日本有关孤儿作品的规定最先出现在 1970 年《著作权法》第 67 条中。该部分在第 8 节关于“强制许可下作品的开发”中，第 67 条是关于“著作权人未知时对作品的开发”。文化厅是日本教育部的一个特殊机构。文化厅有权根据法律对外国作者的作品授予强制许可，只要该作品将继续在日本被开发。有关尽力查找的类似规则和条件适用于本国作品，也适用于外国作品。[1]

2. 未发表作品的适用问题

孤儿作品使用制度是否应扩展至未发表的孤儿作品，这是孤儿作品立法亟待解决的复杂问题。公共文化机构收集的有价值的私人收藏或某些机构的研究成果，其中多为未经公开的作品，这些作品常常具有重要的价值。例如，图书馆所收藏的信件、传记、记录照片、建筑图等，公众有重大利益需要在线使用这些资料。

美国 2006 年和 2008 年孤儿作品法案都没有排除未发表作品，印度和欧盟的立法也没有排除，但是加拿大、日本等国却明确排除。对孤儿作品立法排除未发表作品的理由主要是认为不排除会损害作者对作品的控制权、隐私权、声誉以及由此造成的经济损失。这些理由对于反对未发表作品合理使用有一定道理，但是对于孤儿作品却未必合适。不同于作者明确的未发表作品，孤儿作品是否有权利人或者权利人能否找到并不确定，所以无法适用协商授权机制，必须通过法定方式进行制度设计。对于利用未发表孤儿作品可能导致著作权人损害的担心并不足以排除此类作品。虽然著作权人首次发表的权利很重要，但该权利在特殊情况下可以受到一定限制。

由于未发表作品的数量占据了孤儿作品的很大一部分，将未发表的作品排除在孤儿作品立法之外，会导致一种难以为继的局面，使孤儿作品立法成为著作权体系内的深坑，因为每一个可能被认定为孤儿作品的客体都可能以是否发表为理由受到质疑。在《欧洲孤儿作品评估报告》中，孤儿作品的定义包括受著作权保护的作品，不论他们是不是商业出版的，只要他们已经可以在公开机构

---

〔1〕《日本著作权法》，李扬译，知识产权出版社 2011 年版，第 47 页。

合法获取用于现场参考使用。评估报告认为限制利用未发表作品会导致在图书馆收藏的作品被锁定，而且，确定一个作品是否已经发表比较困难，具有不确定性，特别是年代久远的照片、信件等作品，会大大增加孤儿作品利用者的成本，从而使其放弃对作品的利用。比如，被加拿大版权局拒绝的大部分申请是因为申请人不能证明这些孤儿作品已经发表。

有观点认为，为了保护发表权，应将孤儿作品使用制度的适用范围限定为已发表的作品。[1] 这主要是考虑到对未发表的孤儿作品加以利用可能会构成对著作权人隐私权的损害，特别是对于未发表的信函、个人日记、日志等，但传记作家、历史学家或相关出版业者有使用私人书信、日记从事研究、出版之必要。为此，美国《著作权法》第 107 条在 1992 年明文增订，如果依据第 107 条的四项判断因素，成立合理使用时作品尚未出版本身并不妨碍合理使用之成立。[2] 公共文化机构在线提供未出版的孤儿作品并非当然排除合理使用的适用，当该著作权仅限制提供于研究与个人学习的目的，并非取代著作权之市场时，仍得成立合理使用。建议规定各类作品成为公共文化机构之馆藏时，推定已同意公开。

一般而言，因作品发表而给其作者造成的损害，包括隐私的丧失、声誉的降低以及因声誉降低而造成的收入损失。例如，一些非常私人性的文件，将之发表可能导致对作者的极大损害，因为越是私人性的材料就越可能包含了对作者不利的信息。但是，对未发表作品的使用，对于传记作家、批评家和历史学家等创作传记和其他批评性文字作品具有重要意义，一旦排除了对未发表的作品的使用，会对公共利益产生消极影响。以信件为例，作为信件，就意味着它会被其他人阅读并被他人所拥有，而后者转而可能向第三

---

[1] 王迁：《"孤儿作品"制度设计简论》，载《中国版权》2013 年第 1 期。

[2] H. R. Rep. No. 102 – 186，102d Cong.，2d Sess. 4，9(1992).

人披露信件内容，或者可能将之捐献给图书馆，其他人尽管不能对之加以复制，却可以在那里阅读此信件。如果不允许对未发表的信件加以使用，对于信件的收信人以及后来的使用者（例如，接受收信人捐赠的图书馆的读者）而言，减少了对写信人的信息的了解，同样减少了将这些信件纳入传记作品中的传记作家的价值。也正是基于这个原因考虑，美国国会在 1992 年修改著作权法时规定，“作品尚未发表这一事实本身并不当然阻碍认定构成合理使用”〔1〕。

发表权是作者享有的精神权利，但同时与著作权中的各项财产权利密切相关。作者在首次行使著作财产权时，就应视为已经同时行使了发表权。在规定了发表权的国家中，其著作权法会对发表权的行使作出一定的限制，以防范发表权干扰作品的正常使用。〔2〕 如美术作品、摄影作品原件所有权的转移可能导致作品公之于众（除非作者有不得将作品公之于众的特别约定），这可视为发表权已经用尽。图书馆、档案馆、博物馆等收藏的未发表作品中多数属于孤儿作品。例如，抗日名将生前的肖像照，其后人将其捐赠给博物馆收藏，在这种情况下，由于摄影作品原件所有权已经转移，应视为发表权已经行使完毕，对这类作品的使用可以适用孤儿作品条款。此外，由于作品是孤儿作品，在一般情况下很难确定作

---

〔1〕［美］威廉·M. 兰德斯、理查德·A. 波斯纳：《知识产权法的经济结构》，金海军译，北京大学出版社 2005 年版，第 159 页。

〔2〕例如，我国 2020 年《著作权法》第 20 条规定：“作品原件所有权的移转，不改变作品著作权的归属，但美术、摄影作品原件的展览权由原件所有人享有。作者将未发表的美术、摄影作品的原件所有权转让给他人，受让人展览该原件不构成对作者发表权的侵犯。”日本《著作权法》第 18 条规定：“在下述三种情况下，作者不再行使发表权：作者已将未发表之作品的著作权转让，不得反对受让方向公众提供该作品；作者将未发表之美术作品或摄影作品之原件转让，不得反对公开展览有关作品；作者同意将其作品拍摄成电影或作为电影之一部分，不得反对向公众提供该电影作品。”

品是否曾经出版或以其他方式公之于众。如果排除未发表作品，将会增加孤儿作品条款适用的难度和不确定性，减少那些在著作权保护期内处于无人主张权利从而无须许可即能够被人使用的作品数量。

受著作权保护的市场价值是通过作品发挥功能的程度来体现的。作品的经济价值部分取决于审美欣赏度，作品的内容必须被大众阅读、分享、观看或以其他方式来欣赏，而不仅仅由一个人独享。由于作品的经济价值取决于作品内容的吸引度，因此，禁止使用未发表的孤儿作品不利于发挥作品的经济价值。著作权法应当使社会公众可以从文学艺术作品的各个方面获得价值，以促进文化的多样性，确保有各种丰富的声音，并且让每一种声音都有机会被人听到。

基于以上分析，本书认为，明确规定孤儿作品条款不适用未发表作品，虽然在一定程度上保护了作者的发表权和隐私权，但是在实践中，真正具有利用价值的未发表的孤儿作品，其作品原件所有权多数已经转移，其发表权应视为随之用尽。因此，从立法上排除这类作品的使用不仅无益于保护作者的发表权和隐私权，相反还会额外增加孤儿作品条款适用的难度，在无法区分孤儿作品是否发表时，被迫放弃使用计划。此外，将未发表的孤儿作品适用于协商机制，则交易负担过重，对于未出版的书信、日记与商业档案等，不可能通过协商解决，个别厘清权利成本太高。将未发表的作品排除在孤儿作品立法之外，可能会在著作权体系内造成比目前没有孤儿作品立法更大的困境。每一个可能被指定为孤儿作品的作品都可能因发表而受到质疑。故权衡利弊之后，笔者认为，为了创建一个有用的孤儿作品解决方案，除非有作者不同意发表等相反证据，孤儿作品条款应适用于已发表和未发表的作品。对孤儿作品立法适用于未发表的作品的观点在一些国家和地区的立法中也得到了体现。[1] 当然，为了防止对孤儿作品的滥用，应强化使用者尽力查找著作权人的义务。对于未发表的孤儿作品，只要作者没有明确表示不发表或者可以合理推定作品的公之于众并不违背作者意愿的，可以根据使用行为的目的或性质，将其纳入孤儿作品的范围进行调整。

3. 特殊种类作品

孤儿作品的使用问题可能影响所有类型的作品，但是图形作品、摄影作品及雕塑作品的问题较为棘手，这类作品对公众而言有着极大的研究意义及教育意义，但此类作品的数量及权利清偿机制的欠缺使得这些作品无法得到大规模许可。正因如此，视觉艺术家认为孤儿作品立法若适用于商业使用，则会为不良行为人所利用，商业使用尽管会使得许可数量增加，但不会为视觉艺术家及著作权人带来任何好处，并且他们还认为，为了堵住该漏洞，视觉艺术家可能会被迫花费大量时间与金钱将其作品数字化或在民间登记处登记，花费数额之大，可能只有十分富有的艺术家可以

---

〔1〕 例如，美国版权局2006年《关于孤儿作品问题的报告》指出，相对于已公开发行的孤儿作品，对未发行的孤儿作品进行利用时，使用者负有更多的调查义务，特别是对未发行作品的作者仍在世的情况能够进行合理的判断时，要考虑保护隐私，使用者要担负更高的调查义务。2012年欧盟《孤儿作品指令》适用于以书籍、期刊、报纸、杂志形式发表的作品和其他包含在向公众开放的图书馆、教育机构或博物馆收藏品以及档案馆收藏品和影片或声音传承机构收藏品中的文字作品；包含在向公众开放的图书馆、教育机构或博物馆收藏品以及档案馆收藏品和影片或声音传承机构收藏品中的电影摄影、视听和录音制品以及从未发表或广播，但得到权利人许可向公众开放的作品和录音制品。印度《1957年法案》第31A节规定了孤儿作品问题，根据第31A(1)节，当作者死亡、未知或下落不明或无法被找到，且作品未发表或源于印度时，任何人都可以申请强制许可证以开发孤儿作品。2012年印度《著作权法》修订了《1957年法案》第31A(1)节，将该节的适用范围扩大到任何作品（不一定必须是印度作品），无论该作品是否发表或向公众传播。

承担。[1]

笔者认为,视觉艺术家的担忧不能与涵盖所有作品类型的孤儿作品立法相抗衡。有观点认为,孤儿作品体制下的大规模传播和文本识别信息的缺失会让视觉艺术品更易被侵权。[2] 事实上,视觉艺术品属于孤儿作品的典型事例,相比直接被判为侵权或将作品弃而不用,使用者更愿意进行尽职调查。立法规定严苛的调查标准,可以减少潜在使用者对孤儿作品的滥用。若此类作品不包含在孤儿作品使用制度范围内,使用者就会被要求对每一张照片或图片进行确认,确认照片的著作权是归著作权人还是另有其人,除非图片可以被单独许可,否则就应从电子版中剔除。此类情况会降低孤儿作品使用制度的效率。如果将孤儿作品使用制度适用于此类作品,可以帮助解决体制中的效率低下问题。因为这样的话照片等作品的著作权人就会积极进行作品登记以确认其作者身份。

基于以上分析,本书认为,孤儿作品使用制度建立的目的在于降低善意使用者的风险,使沉寂的作品得以利用。因此,孤儿作品使用制度应普遍适用于所有类型的作品。也就是说,任何作品不管是何种类,何年出版,都可能是孤儿作品,并且任何种类的孤儿作品都可能以对社会有益的方式被使用。不管作品是最近被使用,还是出版年限久远,都不应对其差别对待。将孤儿作品使用制度适用于所有类型的作品,可以获得广泛的适用空间,有利于扩大可被公众利用的资源范围。

---

〔1〕 U. S. Copyright Office, *Orphan Works and Mass Digitization*: *A Report of the Register of Copyright*, AOL (Sept. 3, 2016), https//copyright. gov/orphan/reports/orphan – works 2015. pdf.

〔2〕 U. S. Copyright Office, *Orphan Works and Mass Digitization*: *A Report of the Register of Copyright*, AOL (Sept. 3, 2016), https//copyright. gov/orphan/reports/orphan – works 2015. pdf.

（二）孤儿作品使用制度适用的主体

孤儿作品使用制度本质上属于对孤儿作品著作权的限制和例外。如何规定权利的限制，是平衡著作权人和社会公众利益的敏感问题，也是著作权法的核心问题。如果对权利的限制过多地考虑公共利益，就会损害著作权人的利益，挫伤其创作的积极性。如果对权利的限制过多地考虑著作权人的利益，则会损害公共利益，妨碍社会公众利用孤儿作品。

各个国家及地区的著作权法在平衡这种利益关系时，都会考虑其自身的社会经济发展状况和历史文化传统。孤儿作品使用制度是适用于一般主体还是仅适用于特殊主体的问题，折射出立法者对基本国情和社会现实需求的考量，即在对待孤儿作品的问题上，现阶段是更应注重对著作权人权利的保护，还是更应强调对孤儿作品的利用？大多数国家及地区的孤儿作品使用制度适用于一般主体，相比之下，欧盟《孤儿作品指令》适用的则是特殊主体，主要针对图书馆、教育机构等执行公共利益使命的机构。

笔者认为，欧盟《孤儿作品指令》对孤儿作品使用者作出的限制规定失之偏颇。

1. 将孤儿作品使用制度适用于特殊主体，不符合著作权法顺应时代发展的需要。在一个提倡合作和资源开放的社会，著作权所具有的排他权性质的传统财产观念正在受到信息社会合作共享的财产观的挑战，广泛获取的权利远大于排他的所有权。著作权预设的逻辑是通过个体追求最大化私利的行为达成提升社会整体福利的目标。这一立法理念与伴随互联网和新型通信技术涌现的促进创造力、知识、专业技能，甚至产品和服务的开放共享，与增进社会总体财富的观念相差甚远。雷西格教授在他的著作《思想的未来：网络时代公共领域的警示喻言》中指出："创新的空间应维持开放,同时创新所需要的资源应该保持不受控制。”[1]著作权法应当顺应时代潮流,孤儿作品使用制度的设计应在尊重私权的基础上强调合作共享的价值导向,将孤儿作品使用制度限制于特殊主体,不能充分实现新技术革命背景下各种利益关系的平衡与协调。

2. 在立法上有效解决孤儿作品使用问题,不仅是为了满足公共文化机构履行其保存和传播知识使命的需要,更是为了使社会公众能够广泛获得和使用孤儿作品,以充分发挥著作权法的重要目标——鼓励文化传播以及支持言论和表达自由。尽管未经著作权人同意,允许对孤儿作品进行某些有限的使用,但保护的范围并不足以使孤儿作品的正常使用在所有情况下都切实可行。在信息技术与文化加速融合的时代,使用作品成为普遍与必然。因特网的出现,不仅增加了使用作品的机会,而且通过网络可获得作品的数量也前所未有地增加。许多旧杂志中的文章和照片,其中不乏孤儿作品,这些作品曾经在相当长一段时间很难被公众所接触,但是现在却在网上可以轻易获取并被公众使用。将孤儿作品的使用主体限制在传统图书馆等公共文化机构范围内,虽然可以最大程度地保护孤儿作品著作权人的利益,但是减少了孤儿作品数字化的吸引力,不能解决孤儿作品的商业化使用以及除公共文化机构以外的其他主体对孤儿作品的非商业化使用的问题,显然,立法不能无视这部分主体使用孤儿作品的现实需求,因此,商业使用及商业使用者也应被包含在内。

在实践中,非营利性机构并非文化产业中唯一能创造社会效益的机构,为实现孤儿作品的价值,不能将商业使用者如作者、音乐家、纪录片制片人等排除在孤儿作品使用主体之外。正如一位

[1] [美]约翰·冈茨、杰克·罗切斯特:《数字时代盗版无罪?》,周晓琪译,法律出版社2008年版,第40页。

利益相关者所说,“许多纪录片及独立电影制作人都是商业使用者,但其重要性并不输于记者、短篇小说家及记录美国历史的历史学家”。[1]欧盟将使用的主体和使用目的拘泥于公共利益的使用模式,不能满足社会公众包括商业主体使用孤儿作品的需要,这不仅会造成重要的文化和历史信息的浪费,同时也会影响孤儿作品使用制度成为著作权法补缺性条款的积极效用。由于欧盟模式的效用非常有限,这就促使部分欧盟成员国自行为孤儿作品立法,以覆盖更广泛的作品类别,使用者及使用范围。[2]

3. 在实践中要严格区分公共文化机构对孤儿作品的使用是否为非商业性的使用也很困难。在许多情况下,某些使用起初是非商业性的,如电视纪录片,后来会成为商业性的,比如在播出之后出售其复制品或录像带。也就是说,尽管法律可以将孤儿作品立法的范围限制于非商业使用者进行的非商业使用,但现实中该界限可能随时会被打破。

综上所述,本书认为,孤儿作品条款的适用主体应为一般主体,在制度设计上,需要谨慎考虑具体规则适用的主体与使用目的,区分对商业使用与非商业使用主体不同的责任和义务,以平衡孤儿作品著作权人和使用者的利益。

孤儿作品使用制度应适用于所有类型的客体和主体。将孤儿作品使用制度适用于所有类型的作品,有利于扩大可被公众利用的资源范围。当然,为了防止某些特定类型作品被滥用,应强化使用者尽力查找著作权人的义务。

---

〔1〕 U. S. Copyright Office, *Orphan Works and Mass Digitization*: *A Report of the Register of Copyright*, AOL (Sept. 3, 2016), https//copyright. gov/orphan/reports/orphan – works 2015. pdf.

〔2〕 U. S. Copyright Office, *Orphan Works and Mass Digitization*: *A Report of the Register of Copyright*, AOL (Sept. 3, 2016), https//copyright. gov/orphan/reports/orphan – works 2015. pdf.

孤儿作品使用制度适用的主体是否应该限制在图书馆等公共文化机构的范围内,关系到一国著作权法的立法导向问题。欧盟《孤儿作品指令》适用的是执行公共利益使命的特殊主体。本书认为,在立法上有效解决孤儿作品问题,不仅是为了满足公共文化机构履行其保存和传播知识使命的需要,更是为了使社会公众能够广泛获得和利用孤儿作品,以充分发挥著作权法的重要目标——鼓励文化传播以及支持言论和表达自由。因此,商业使用及商业使用者也应被包含在内。当然,在制度设计上,需要谨慎考虑具体规则适用的主体与使用目的,区分商业使用与非商业使用主体不同的责任和义务,以平衡孤儿作品著作权人和使用者的利益。

二、孤儿作品使用的前置条件

找到孤儿作品解决办法和应对孤儿作品所面临挑战的途径无疑需要在制定尽力查找程序和机制方面取得进展,以便使用者能够分享最佳做法。认定孤儿作品的关键是著作权人能否被找到,然而这不是检验孤儿作品的绝对标准,因为永远不可能完全肯定著作权人是绝对找不到的。因此,需要对使用者所必须采取的寻找著作权人的步骤进行检验,以便能够得出孤儿作品著作权人无法查找并且作品的使用能够继续的结论。

综观各国家及地区著作权法认定孤儿作品的前置条件,均放在是否满足使用者事先尽力查找著作权人无果这一点上。人们普遍接受将尽力查找作为有限责任、扩大集体许可和法定许可范围的基本门槛,尽力查找的性质已成为一个重要的争论点。

“尽力查找”的定义应该是灵活的,以适应相关的可用技术的变化,并且根据作品类别调整要求。对于如何定义勤奋的搜索,国内外已经进行了一些有益的讨论。将尽力查找著作权人作为合法使用孤儿作品的前置条件,在著作权法上具有重要意义。著作权法赋予著作权人自己使用或许可他人使用其作品的专有权。理想化的状态是著作权人通过自由协商,与使用者之间达成作品使用许可协议,而在现实生活中,一些年代久远的作品或是以笔名、匿名发表的作品,著作权人难以查找,如果遇到这种情况,使用者仅凭主观臆断或是仅仅进行了表面上的调查,就以此作为未经许可而使用受保护作品的借口,这将严重损害著作权人合法利益,容易导致孤儿作品条款之下著作权人的专有权形同虚设的后果。因此,该要件设置的目的在于防止使用者对孤儿作品的滥用。

（一）关于"尽力查找"的判断标准

尽力查找的问题归结为使用者在多大程度上以及应该在多大程度上寻找著作权人。著作权不应妨碍研究和创新,如果建立一项条款来简化寻求权利许可的过程,将会产生切实的经济和公共利益。传播孤儿作品的最大障碍是尽力查找的时间、成本和复杂性。尽力查找是通过各种信息源和有关先前权利持有人和来源链的可用数据来寻找著作权人的过程。这种调查可能是时间密集型的,涉及内容广泛、领域多样。查找应该是善意且尽力的,并以发现作品的著作权人为目的,但也不应该过于昂贵和耗时。国家版权局档案(包括著作权登记档案、孤儿作品通知档案)的检索应强制进行。然而,从这一点出发,界定尽力查找的标准变得更加困难。因为寻找一首诗的著作权人可能与寻找一张照片的著作权人大不相同。在不给使用者带来过多负担的情况下,很难定义某个查找在什么时候是尽力的,这是尽力查找困境中需要解决的问题。

关于"尽力查找"的判断标准,有两种学说,即具体问题具体分析说和形式标准说。

1. 具体问题具体分析说

该学说认为应当考虑符合尽力查找行为的所有情况。[1] 这主要是由于作品的种类和使用形态是各式各样的，而且调查的方式也是不断变化的，如果适用单一的标准难免过于机械。只有采用灵活的方式才能确保有足够的解决方案以处理每个孤儿作品的个别情况，并对不同类型的作品提供不同种类及瞬息万变的信息资源和搜索技术。具体问题具体分析说考虑的因素主要是尽力查找的成本。孤儿作品调查的经济现实是，如果调查成本太高，或者在尝试调查之前被认为成本太高，潜在使用者会选择放弃调查。在这种情况下，关键是找到经济临界点。调查应根据孤儿作品的使用情况进行分级，而不是采取统一的调查要求。商业用途的使用需要高级别的调查，而对图书馆等公共文化机构非营利的使用，则只需要符合较低级别的调查要求。

2. 形式标准说

形式标准说的特点是要求权利人提供沟通信息。但是这种对作品进行登记的做法如何与创作取得主义进行整合的问题，该学说并未提及。

相比较而言，具体问题具体分析说更为灵活，能够促进使用者努力寻找权利人。

(二)有关使用者的查找是否“尽力”的证明责任

对每种用途的评估是逐案进行的，每次调查都必须符合个案和具体情况。认真地寻找某本书或剧本的著作权人可能需要使用者调查著作权登记记录、通过互联网搜索引擎进行广泛的在线搜索，并联系和搜索各种图书馆和档案馆。出于善意对音乐作品著作权人进行尽力查找可能包括著作权登记记录、联系音乐作品著

---

〔1〕 菱沼刚：《围绕孤儿作品问题的讨论》，载[日]田村善之：《日本现代知识产权法理论》，李扬等译，法律出版社2010年版，第221页。

作权集体管理组织以及广泛的互联网搜索引擎调查。在某些情况下，缺少能识别著作权人的信息可能会使潜在使用者的调查受到限制，但是缺乏识别信息不能成为使用者不进行任何调查的借口，反而必须根据有限的信息进行尽可能全面的调查。这对于视觉艺术作品的著作权人的调查来说尤为困难，因为视觉艺术家在作品上经常署笔名或假名，使用者可能需要通过非传统来源确定著作权人。

一般情况下，在著作权人出现后，专门设置漫长和昂贵的程序来调查使用者在使用作品前是否进行了严格的足够的查找工作通常是没有必要的。尽力查找的要求可能比较麻烦、耗时和昂贵，任何使用作品的预期利益都将被尽力查找的要求所抵消。较为适当的方式是由使用者提出用于说明查找内容的书面材料，以证明其采取的搜寻查找工作是“尽力的”，由使用者承担举证责任主要是因为查找内容处于使用者管理与控制之下，这一点对于著作权人而言是至关重要的，因为著作权人有权获得使用者采取什么查找方式的相关信息，从而确保著作权人可以自行判断是否满足所需的标准。当然，如果著作权人认为使用者的查找行为是“不尽力”或是不能令人信服的，则由著作权人承担证明责任。

在大多数情况下，著作权人关心的是能有一个比较简单的方法为他寻求使用费，而不会仅仅就查找行为是否满足尽力条件提出争议，因为多数著作权人是愿意其作品被使用的，只要他们能够获得公平的报酬。因此，从法律上要求孤儿作品的使用者保留查找著作权人的记录和在著作权人出现后提交记录的副本是公平的。

另外，使用者分别进行查找时，能否参照其他使用者之前的查找结果，这是值得讨论的问题。使用者试图寻找著作权人但没能成功，并且有理由相信他的查找行为足够让他摆脱侵权嫌疑，在这种情形下，使用者可以根据自己的自由意愿告诉其他想要使用该孤儿作品的使用者他所做的有关查找工作的信息,其他使用者也可以利用前面查找孤儿作品著作权人失败的信息用于他们自己对孤儿作品相关情况的判断。因为从法律上排除这种信息的利用是非效率的,尽力查找一旦被认定后应该具有示范效力,如果前一个使用者对孤儿作品著作权人的查找被证明是符合尽力查找要求的,则后来的使用者可以沿用相同的查找程序。但是,后续的使用者只能将之前使用者的查找信息作为自己进行查找工作的参考,而不能仅仅依赖该信息并将其作为自己查找工作的结果从而免除自身所应承担的查找义务。这主要是因为随着时间的变化,可用于查找著作权人的数据或信息也会发生相应改变,后续的使用者必须证明自己对查找工作也作出了一定努力,而不是完全依赖或直接引用前一使用者的查找结果。

尽力查找还涉及时间点的问题。只有当潜在的使用者在使用作品之前,并且在相当接近使用开始的时间查找著作权人时,该调查才符合尽力查找的条件。孤儿作品立法需要对调查的时间点进行界定,如在开始使用之前是指在发表之前还是在完成孤儿作品的衍生作品之前,抑或是指在任何使用之前。使用者可以在使用孤儿作品之前进行广泛的出于善意的尽职调查,但该调查也可能并非“相当接近”作品的使用时间,这取决于立法对“相当接近”的解释。对使用者开始使用孤儿作品的时间进行定义,并将确定的时间设为“相当接近”使用时间,将为著作权人和使用者提供重要信息。[1]

(三)符合资格的国外调查的证据效力

由于著作权问题是全球性问题,欧盟、英国、匈牙利及其他国家及地区的孤儿作品立法均要求使用者在确定一部作品为孤儿作

---

〔1〕 Young, Aaron C., *Copyright's Not so Little Secret: The Orphan Works Problem and Proposed Orphan Works Legislation*, 7:(2) Cybaris ® Article 1(2016).

品之前进行有记录的、诚信的尽职调查。若其他国家及地区基于调查结果按照其法律确定一部作品为孤儿作品，且开展该调查的使用者想要在我国使用该作品，那么符合资格的国外调查是否具有证据效力？我国法院在确定调查是否尽职时，应注重国外尽职调查的哪些部分？也就是说，国外进行的尽职调查在我国能否作为证据使用？

对于以上问题，本书认为，若对作品著作权人进行的调查是尽职却不成功的，并在审查该调查是否达到了法律要求时，得到了他国政府或法院的证明，同时他国也承认在我国进行的调查的有效性，则在他国进行的调查也应纳入考虑范围。但并不意味着国外调查可以取代国内的尽职调查，相反，这是对国内尽职调查的重要补充。国内的尽职调查需要调查版权登记记录以及其他符合条件的文件，但如果著作权人以调查不够尽职为由质疑使用者，则合格的外国调查可以作为国内调查的一部分。

欧盟《孤儿作品指令》为了防止重复劳动，规定对孤儿作品的地位进行相互承认。换言之，一旦一件作品在欧盟一个成员国被宣布为孤儿作品，则在著作权人提出有效要求之前，该作品在所有成员国都被视为孤儿作品。

值得一提的是，欧盟《孤儿作品指令》第 4 条规定的"相互承认"原则确立了一个法律框架，以确保合法、跨国界在线使用和获取孤儿作品，使公共文化遗产机构能够以最低的责任风险开展数字化和传播活动。此外，这项规定不仅保证了法律的确定性，而且避免了公共文化遗产机构进行多次仔细搜索和重复任务的需要。相互承认原则将使孤儿作品能够在未经进一步事先授权的情况下在线用于文化和教育目的，除非作品著作权人终止其作品的孤儿身份。

(四)各主要国家和地区的讨论与实践

关于尽力查找的判断标准受到了各国家和地区的关注，以下将从国际层面对现行或计划的孤儿作品立法进行比较考察。被考察的国家和地区包括英国、加拿大、日本、匈牙利、欧盟和美国。

1. 英国

英国1988年《版权、设计及专利法案》第9条第5项规定:“若一个人不能通过合理查询确定作者身份,则应当认为作者身份不明;而一旦作者身份确认,则不应再被视为身份不明。”第41条第2项规定:“图书管理员若在制作复制品时知道或者通过合理调查可以确定有权对复制品制作授权的人的姓名与地址,则不能向另一指定的图书馆制作和提供文字、戏剧或者音乐作品出版物的全部或部分。”第190条规定:“在他人申请复制表演的录制品时,若享有翻录权者,在合理的查询下仍然身份或下落不明,则版权法院可给予许可。在这几种情况下,对查找著作权人的检验都必须是相关人进行了‘合理调查’。”但英国1988年法案并未对“合理调查”这一术语作进一步解释。

2. 加拿大

加拿大政府的著作权委员会(Copyright Board)对孤儿作品的使用问题进行了积极的参与,[1]由该委员会对是否付出了“合理努力”进行认定。在向委员会提交申请前,申请者应对作品的作者进行必要搜寻,并证明已进行与第77(1)节规定相符的“合理努力”,第77(1)节规定委员会需“验证申请者已付出合理努力寻找著作权人的下落但没有找到……”第77节没有规定具体标准,而是赋予委员会以相当大的自由来决定什么构成“合理努力”,这反过来又使委员会不去创设正式的规则。尽管没有正式的规则,委员会长期以来形成了非正式标准来判断申请者的搜寻努力程度。

---

[1] 加拿大《著作权法》第77节规定,使用者付出了“合理努力”,但著作权人的所在地仍然不明的情况下,根据该使用者的申请,可以获得著作权委员会的许可。

这些标准包括:(1)根据个案情况判断搜寻的恰当性;(2)申请者的性质,如申请者是个人、商业机构或非营利性机构;(3)申请的用途,是为商业用途还是非商业用途;(4)在该条件下搜寻是否合理;(5)作品的性质及其权利人的信息。

申请者需证明其已经付出了“合理努力”去寻找权利人,这些努力包括:(1)查看版权许可机构和集体管理组织的数据;(2)查看国家图书馆的书目、版权局的登记记录、出版社的记录;(3)网上搜寻,通过旧黄页、死亡证书和房地产登记进行搜寻;(4)若著作权人很有可能在国外,则在加拿大境外进行延伸性搜寻。显然,创造和推广最佳做法可以减少委员会花在指导申请人通过可能的搜索程序、与集体组织联络或执行搜索本身方面的时间和资源。

3. 日本

日本《著作权法》要求使用者付出“相当的努力”,[1] 如果只是由于需要投入时间、精力和财力,不能成为减轻寻找责任的理由。例如,著作权人居住在国外,与其联系需要时间和经费,仅仅凭这点理由的话是不符合要求的,只有是穷尽各种方法仍然无法取得联系的情况才符合“相当的努力”。[2] 在提交开发孤儿作品的许可申请前,申请者应实施以下步骤:(1)搜索包含权利人姓名和地址的数据库,包括网络搜索;(2)通过集体管理组织进行咨

---

〔1〕 日本《著作权法》第67条规定:“已公开发表的作品,或者经过一定期间提供或提示给公众的事实明显的作品,由于著作权人不明或者其他类似原因,根据政令规定付出了相当的努力仍然无法和著作权人取得联系的情况下,经过文化厅长官裁定并为著作权人寄存了文化厅长官规定的相当于通常使用费的补偿金时,可以采用裁定的方法加以使用。”这里所说的“相当的努力”是指对于作品的著作权人,以社会上可见的常识性方法寻找著作权人的情况。

〔2〕 [日]加户守行:《著作权法逐条释义》,著作权信息中心2006年版,第400页。转引自菱沼刚:《围绕孤儿作品问题的讨论》,载[日]田村善之:《日本现代知识产权法理论》,李扬等译,法律出版社2010年版,第221页。

询;(3)联系与申请者想使用作品类似种类的版权作品的商业交易者;(4)向公众咨询有关权利人的信息。

4. 匈牙利

根据匈牙利《著作权法》的规定,事先必须要对孤儿作品的权利人进行尽力查找才能构成对孤儿作品的合法使用。尽力查找的要求取决于使用者的种类和使用类型。符合要求的搜寻需有纸质文件支持。实际上,法律要求使用者通过证书指明已被查找的源头,用这种方式来证明其已履行尽力查找的义务。2008 年修订后的匈牙利《著作权法》将尽力查找著作权人列为获得孤儿作品使用许可的前提条件。[1] 当然,法律所规定的查询的范围不应被认为是无遗的,也不构成最低标准。尽力查找所采取的行动应取决于每种使用方式和用途的个别情况。

5. 欧盟

欧盟《孤儿作品指令》采用最小协调方法来满足尽力查找的要求。特别是它关注的是查找的基本策略,而不是需要搜索的特定项,因此只有指示性的建议,在需要咨询哪些信息来源以使搜索更加勤奋方面缺乏法律确定性。指令制定了"尽力查找"条款来规范查找孤儿作品著作权人的前置程序,为使用孤儿作品设置了强制性要求,即善意进行尽力查找来确定权利人。详细说来,指令第 1 条规定其所涉及的机构"应当保证通过咨询每类作品和其他受保护对象适合的源头的形式为每件作品和其他受保护的对象进行尽力查找"。但尽力查找的实用标准由成员国与权利人和使用者磋商后确定,并应提供建议性指令附件中规定的数据库的详细清单。该指令规定:"适用于每类相关作品或录音制品的来源应

---

[1] 匈牙利《著作权法》第 57A 条第(1)款规定,申请许可使用作者不明作品的申请人应采取适当和合理的措施查询著作权人下落,查询未果的方可获得使用许可。该法的实施细则列举了若干最低限度的查询范围和程序。

由各成员国与权利持有人和使用者协商确定,并应至少包括附件中所列的相关来源。"附件中的来源大致可分为两类。首先,有目录和登记册。值得注意的是,所命名的登记册和目录的类型是那些在实践中最有可能是最全面的登记册和目录,如用来传递重要商业信息的登记册和目录。其次,识别著作权人的来源。这种方法实质上结合了著作权法和行业实践的效果。例如,涉及文学作品的来源包括作者和出版商。同样,有关音乐作品的来源包括作曲家、作词人、出版商以及制作人。很明显,立法意图是编制一份清单,涵盖与某一特定类型作品有关的所有作者和权利持有人。这要求成员国应当确定对于本指令所涵盖的每种类型的作品必须咨询哪些特定来源。在这方面,将其留给成员国是符合条约规定的辅助性原则的。[1] 附件清单代表了一个建立共同的欧洲框架、法律协调框架的最低限度的协调和妥协。在执行这些规定时,成员国必须在法律确定性和灵活性之间取得平衡。如果来源清单尽可能具体,法律确定性原则将得到较好的贯彻。一个精确的列表为使用者寻求著作权人提供了一个清晰的指南,可以说明什么情况下查找是尽力的。当然,精确的列表只有定期更新以跟上变化,在实践中才有用。

另外,上述机构应根据指令中的详细规定对其进行的尽力查找加以记录。英国、荷兰和意大利都执行了《孤儿作品指令》的要求,确定了尽力查找以定位著作权人的要求是什么,在实践中作为顾问的权威来源和数据库是什么,实施提供了多大的法律确定性,以及勤奋搜索的实际负担是什么。最重要的是,在多大程度上这些资源和数据库可以在网上自由访问。英国、荷兰和意大利对

[1] Simone Schroff, Marcella Favale & Aura Bertoni, *The Impossible Quest – Problems with Diligent Search for Orphan Works*, 48 International Review of Interrectual Property and Competition Law 286 – 304 (2017).

“勤勉”一词赋予了不同的含义。

英国对尽职调查提供了最高的法律确定性。它提供了广泛的指导,列出了需要根据作品类型进行咨询的特定来源。尽管如此,由于清单是开放式的,因此没有达到绝对的确定性。不过,名单的详细性质有助于使用者查找相关消息来源。事实上,一个执行大规模数字化项目的使用者不可能以其有限的资源为每件作品搜索那么多资源。英国提供了一份供参考的来源说明清单。虽然法律对什么是勤勉搜索没有最低要求,但英国知识产权局已经就这一复杂问题发布了详细的指南。值得注意的是,这包括一个特定的资源以检查表的形式对各种类型的作品进行调查。现有的和实际的资源包括与著作权有某种联系的所有组织。它反映了对“勤奋”的理解,即搜索任何可能包含信息的来源。指南既可以帮助申请孤儿作品许可证的潜在申请人,也可以帮助希望从这一例外中获益的公共文化机构。它通过提供大量特定来源,显著降低了意外侵权的风险。

与英国相比,由于所涉及的行政程序不同,意大利提供的指导明显减少。意大利在著作权法中直接执行了附件 8 第 69 条第 7 款提出的清单,但同样只是说明性的,这意味着根据法律建议进行搜索的法律效力仍然不确定。意大利对需要咨询的关键来源提供了一些指导,但建议并不明确,无法从法律上保证这些来源是充分的。因此,与英国相比,意大利更倾向于采取灵活的做法。其结果是,需要被视为强制性的来源较少。然而,在没有明确选择的情况下,使用者仍然需要针对每件作品咨询大量的资源。此外,很大一部分信息源不能在网上自由获取,这反过来又大大增加了搜索负担。

与英国和意大利不同的是,荷兰采取了一种有意识的不干涉的做法。欧盟《孤儿作品指令》的文字已通过直译的形式被转化为荷兰国内法。例如,它指的是“出版商和作者的数据库”,而没有提到任何专门机构。事实上，提到的唯一特别资料来源是皇家图书馆的目录，而在视听作品方面，总的来说，使用的术语是不具体的和开放式的。此外，几乎没有作出任何努力来补充它的特殊来源。相反，由公共文化机构来决定要咨询什么，因此至关重要的是依赖内部的专业知识，并且目标始终是由机构本身决定哪些来源与某一特定作品相关。公共文化机构需要决定哪些信息源是相关的，以及在多大程度上进行搜索。因此，“勤奋”一词的含义基本上是在内部根据风险评估确定的。这在实践中可能产生过度谨慎的做法。从这一角度来看，这种非常笼统的清单可以理解为满足公共文化机构对合理性和公平性的偏好。缺乏官方指导意味着公共文化机构对“勤奋”在实践中的实际含义缺乏确定性。因此，荷兰勤勉搜索的实施似乎侧重于法律上遵守欧洲承诺，而不是围绕一项可行的勤勉搜索条款创造法律确定性。

总之，英国、意大利和荷兰都对法律确定性给予了不同的重视。英国提供了具体来源的清单，因此达到了高度的法律确定性，而荷兰却有意识地选择了灵活性。意大利介于两者之间。虽然英国的广泛指导使搜索不太可能被认为是不勤奋的，但搜索的负担是繁重的。意大利，特别是荷兰的搜索负担较轻，但在缺乏明确的指导的情况下，因未能达到尽职调查标准而导致意外侵权的可能性更大。

6. 美国

美国版权局在 2006 年发布的《孤儿作品报告》中提出勤勉搜寻的标准至关重要，这个标准应由法律授权有权机构来确定。该建议后来被相关立法所采纳。[1] 但是立法中并未详细说明认定"勤勉"的标准。版权登记处被要求出台最佳实践准则,以对孤儿作品勤勉搜寻的最低要求加以指导。根据立法建议,勤勉搜寻的标准应根据使用者的性质和用途进行设置。在实践中,美国民俗生活中心允许使用者搜索该中心的记录以帮助他们找到作品的权利人,并对如何证明已对权利人进行勤勉搜寻给出了详细建议,建议如下:"我们建议您向您找到的或我们提供的地址邮寄一封经认证的,要求回执的信件。若信件被原封不动地退回给您,请将它(未启封的)交给我们作为您已诚信地去努力联系恰当的人的证据。请对于您所有进行联系的尝试进行记录,这些将保留在我们的档案里作为证明您努力的文件。"[2]

由表 5-1 可见,美国孤儿作品立法提案强调了搜索的重要性质,关于调查要求美国版权局认为,搜索的"合理性"是极其重要的,每次搜索本身就是一个案例,指出拟议的立法包括要求用户采取"任何合理可能有助于识别和确定版权所有人的任何其他行动"。

---

[1] 美国《2008 年孤儿作品法案》第 2 条(b)(2)对合理而勤勉搜寻所应满足的条件作出了规定,即如果侵权者为寻找版权人而作出了勤勉的努力,那么其搜寻就是合格的;在确定一个搜寻是否符合勤勉搜寻时,法院应该考虑:在与该搜寻相关的事实情况下,侵权者在进行该搜寻时所采取的行动是否合理与适宜,包括是否基于搜寻本身已经发掘的事实采取了行动;侵权者是否运用了版权局长所制定和更新的可适用的最优方法;侵权者是在使用该作品之前进行的该搜寻,并且该搜寻是在与侵权的开始时间合理接近的时间内进行的。仅仅根据在作品的副本或者唱片上缺乏与版权有关的确认信息这一事实,并不能满足"合理而勤勉搜寻"的条件。美国《2008 年孤儿作品法案》第 2(b)条第(2)项(A)小项第(ⅱ)子项。参见《〈2006 年孤儿作品法案〉议案及〈2008 年孤儿作品法案〉议案》,韩莹莹译,支振锋校,载《环球法律评论》2009 年第 1 期。

[2] UK Intellectual Property Office, *Copyright, and the Regulation of Orphan Works: A Comparative Review of Seven Jurisdictions and a Rights Clearance Simulation*, AOL, https//zenodo. org/record/8377/files/CREATe – Working – Paper – 2013 – 07. pdf.

表 5-1　美国孤儿作品立法提案关于调查要求规定的比较总结

主要差异	2006 USCO 报告	2006 文本（H. R. 5439）	2008 文本（H. R. 5889）	2008 Shawn Bentley 法案（S. 2913）	2015USCO 讨论草案
调查要求&指导调查的信息	无建议法律语言。 在判定一个调查是否合理时，应考虑的因素： 1. 辨认作品复制本的信息的数量； 2. 作品是否对公众公开； 3. 作品年限，或何时出版； 4. 公开记录中的信息是否公开； 5. 作者是否在世，是否存在公司法人，转移记录是否存在；	“合理的尽职调查”意为采用合理措施及步骤，检阅版权局记录，利用专家协助及技术（包括合理状况下使用的付费技术）。 仅仅在引用时提出缺少辨认作品复印件的信息则不算“合理的尽职”。 版权局局长有保存并使其对公众公开的职责，如： 1. 相关的版权局记录； 2. 其他来源的著作权人信息；	一个调查在法院认为其“尽职”时便是合格的调查，法律会考虑的因素如下： 1. 与调查有关的行为是否恰当合理，包括调查中发现的事实； 2. 侵权者是否采用了版权局局长规定的最优做法； 3. 调查是否为侵权行为开始或即将开始前进行的。 仅仅在引用时提出缺少辨认作品复印件的信息则不算	尽职努力应至少包括以下行为： 1. 查找相关的版权局在线记录，其中包含足量的辨认信息； 2. 调查版权所有者，作者及许可颁发人信息； 3. 使用技术工具及专家协助； 4. 使用数据库； 5. 根据调查中发现的事实调整调查策略； 6. 使用有用的在线版权局记录。 基于版权局最优做法声明及第三方最优做法的相关种类作品的合格调查。 版权局必须根据第 102 条	采用 S. 2913 条例，其中包含以下例外： 1. 合格调查不应基于第三方最优做法； 2. 法院应考虑互相承认的国外尽职调查； 3. 版权局在制定最优做法时，应（但非强制要求）考虑小企业管理处及其他利益相关者的评论； 4. 版权局无须考虑最优做法对小企业的影响。

续表

主要差异	2006 USCO 报告	2006 文本（H. R. 5439）	2008 文本（H. R. 5889）	2008 Shawn Bentley 法案（S. 2913）	2015USCO 讨论草案
	6. 侵权使用性质及范围	3. 辨认著作权人信息的方法； 4. 技术工具及专家协助来源； 5. 记录调查的最优做法	“合理的尽职”。 在制定“最优做法声明”时，版权局局长应当考虑与合格的尽职调查相关的“材料及标准”要求	(a)项，保存、公开且至少更新一次各类作品的最优做法声明，以便开展调查并对其进行记录。版权局应考虑相关资源及材料，包括来自小企业管理办公室的评论，并且必须考虑其对小企业版权所有者的影响。 仅仅在引用时提出缺少辨认作品复印件的信息则不算“合理的尽职”。合格调查应使用付费资源	仅仅在引用时提出缺少辨认作品复印件的信息则不算“合理的尽职”。合格调查应使用付费资源

来源：根据美国版权局 2015 年《孤儿作品与大规模数字化：著作权登记报告》译编、绘制。

总之，以上所考察的国家和地区均要求使用者对被使用作品的著作权人进行尽力查找，但对于尽力查找的认定并没有统一标准。不同国家对于尽力查找标准的规定差异很大。其要求包括加拿大（要求“合理的努力”）和美国（要求“合理而勤勉搜寻”）等预防性搜寻著作权人的薄弱规定，以及日本、匈牙利和欧盟（法国除外）对使用者的硬性规定，这些国家及地区为使用者设置了“尽力查找”的义务并要求对使用者采取的步骤进行记录追踪。欧盟在《孤儿作品指令》的附件中列出了尽力查找至少需要搜寻的源头。日本规定了公告要求（在全国性的报刊或同等级的媒体进行公告）。

尽力查找的问题归根结底是潜在使用者在调查作品的著作权人时会走多远？应该走多远？尽力查找应该有多全面？如前所述，法律设定的尽力查找的标准应根据具体情况有所波动，总体而言，该标准应设定在一个相对较高的水平上。将尽力查找著作权人作为合法使用孤儿作品的前提条件，在实践中虽然不太容易满足，但也并非完全不能实现。关键取决于如何认定使用者所进行的查找工作是“尽力的”。在立法上对“尽力查找”“合理调查”“合理勤勉的搜寻”“最大的努力”等术语作出明确解释，有助于消除理解上的歧义，以指导司法实践。本书认为，不能把“合理的努力”或是“最大的努力”当作绝对标准。对“尽力查找”的检验或测试将确保如何搜寻著作权人，以灵活的方式对具体情况进行判断。所谓“合理的努力”应当是使一个谨慎的、确定的和理性的人处在他的位置做他所应该做的。“合理的努力”在程度上要小于“最大的努力”，这种理解是没有任何帮助也是毫无意义的。

如果使用者寻找著作权人的成本太高，或者只是在尝试寻找之前感觉太高，那么使用者将选择放弃寻找，在这种情况下，较低的尽力查找要求将降低搜索成本，这会鼓励更多的搜索发生，进而将更多的著作权人与使用者联系起来。

解决尽力查找困境的一个合理方法是,为孤儿作品著作权人的查找设置半刚性搜索要求,由国家著作权主管部门根据著作权人的意见每年或每两年审查和更新一次。最初的尽力查找要求可以规定,希望利用孤儿作品的使用者将被要求对著作权登记档案、孤儿作品使用通知档案,以及其他数据库和网站进行搜索。所有这些搜索都需要通过屏幕截图或打印屏幕截图等纸质来源以电子方式记录。所有记录在案的搜索也需要包含时间和日期戳,以验证搜索是在使用孤儿作品之前进行的。此外,任何作品的每次使用都需要单独的搜索,并符合所需的搜索要求。新用户不能仅仅依赖于同一作品的前一用户进行的搜索,但是前一用户的搜索可以作为新用户尽力查找的一部分被引用。经认证的外国搜索也可作为尽力查找的一部分,这需要通过立法确定不同法律价值的资源,以便进行尽职调查,并根据数据相关性和可访问性确定不同程度的可选性。

尽力查找的实际负担主要取决于两个因素:首先是必须咨询的来源的数量,对于每一种作品类型,需要搜索的资源越多,使用者在时间和资源方面的投入就越高。其次是资源的在线可访问性(或者更确切地说是可搜索性),与访问机构搜索目录相比,在线搜索的资源密集度更低。不能在网上自由和完全访问的来源所占比例越高,在实践中尽力查找的工作就越繁重。因此,最重要的是要确定在多大程度上可以获得资源。通过使用繁重的技术标准,许多关于尽力查找的建议可能倾向于穷尽而不仅仅是"尽力",这可能会产生意料之外的结果,即进行尽力查找的可能实际上只对拥有资源的机构开放,以便对多个不同来源进行搜索。拟议的尽力查找要求是否超出了具有普通技术水平的自然人的能力范围,是一个在任何方案中都应考虑的重要问题。解决这一问题的一个可能办法是在认真搜索的来源之间建立等级制度,并根据其相关性和可获得性在强制性和选择性来源之间进行多样化。理想情况下，只有自由获取的资源才应被视为尽力查找的必备资源。换言之，如果咨询了所有相关的自由和容易获得的来源，则必须认为查找是尽力的。

由于全球分销渠道更加丰富多样，数字发行格式以及所创建的内容不断增加，找到特定作品的著作权人不是大海捞针，而是在一堆针中找到一根特定的针，这几乎是不可能确定并找到著作权人的，尤其是在以经济适用的方式进行调查的情况下。因此，尽力查找的“合理性”极为重要，使用者应采取合理且可能有助于确定和找到著作权人的任何行为。当然，对“尽力查找”进行检验与测试时，可以设置一个一般性的标准，并将查找的范围模型化，以尽量减少“搜寻成本”。本书认为，使用者如果能够证明其已根据作品的特定情况采取了适当的措施查找著作权人但未获结果，可以认定其履行了“尽力查找”的义务。尽力查找的内容包括但不限于以下内容：(1)国家版权局设立的作品自愿登记数据库；(2)著作权集体管理组织设立的数据库；(3)互联网相关数据库(包括死亡证书和房地产登记数据库等)；(4)可获得著作权人姓名和住所信息的数据库；(5)对公众开放的作品数据库；(6)向出版机构、正在使用作品的其他使用者、作品的其他可以联系的作者以及政府有关主管部门了解著作权人信息的情况；(7)在全国性报刊或同等级媒体刊登查询广告的情况。

值得注意的是，视觉艺术作品的调查是作品使用者特别关注的问题。因为与文本调查相比，图像调查目前存在技术限制，如果没有足够的技术来充分筛选每年产生的数十亿张照片，视觉作品的使用者在进行尽力调查时将处于不利地位。因此，版权局不应假设可以通过一种新技术来解决内容创作增长最大的著作权领域的问题。版权局应为每种作品设定合理的尽力调查的参数，这些调查参数应该考虑使用者在执行尽力查找时面临的技术冲击。[1]

每种调查只有在恰当情况下才必须加以使用。例如,国家著作权主管部门的记录调查只有在用于确认的信息足够多且确定存在的状况下才能使用,使用者不能只是说自己缺少信息。相反,使用者应该在信息有限的基础上尽可能地进行全面的调查,因为缺少信息并不意味着使用者就可以不开展调查。

除了已经列举的信息源之外,法律应要求使用者尽可能地采用一些其他的合理方式找到著作权人。何为“合理”取决于调查开始时掌握的信息及调查中发现的信息,也就是说,随着调查的发展,使用者需要提炼其调查结果。有效的调查还要求使用需要付费的资源(如需要注册及付费的在线数据库)。

三、孤儿作品的使用费标准

(一)确定孤儿作品使用费标准的意义

作品是作者人格的表达、智力劳动的结晶。法律应当保证作者能够从任何想使用其作品的人那里直接或间接地获取作品的使用费。孤儿作品作者的创作活动为文化的发展作出了贡献,因此,这种创作活动应当得到支持与奖励。由于客观原因,一些孤儿作品的“孤儿”状态是不确定的,其著作权人可能在将来会重新出现,若使用者在不支付报酬的情况下使用了孤儿作品,对重现的孤儿作品作者来说,使用者的行为仍属不当使用。

多数国家和地区的立法均承认著作权人享有因使用作品而获

---

[1] Young, Aaron C., *Copyright's Not so Little Secret: The Orphan Works Problem and Proposed Orphan Works Legislation*, 7:(2) Cybaris ® Article 1(2016).

得合理报酬的权利。[1] 对于孤儿作品的使用，使用者应当支付多少使用费才算是“合理”的？“合理使用费”的界定及衡量标准是什么？这是值得我们认真思考的问题。确定孤儿作品的使用费标准，其意义在于能够帮助人们形成交易时的合理预期。

笔者认为，合理使用费仅是一个抽象、模糊的概念，只有确定作品使用费的标准，才能将其量化，即孤儿作品的使用者应根据一定的标准支付使用费，使孤儿作品的著作权人在重现后能够获得相对合理的报酬。对于非孤儿作品而言，使用者与著作权人一般是通过协商来确定使用费的数额的。但是由于孤儿作品的著作权人在著作权交易中缺失，使用者无法与著作权人就作品的使用费数额进行约定，这直接影响了孤儿作品的正常交易。因此，如果确定了使用费标准，使用者可以据此形成合理的预期，从而扩大使用孤儿作品的可能性。

（二）确定孤儿作品使用费标准须考虑的因素

一般情况下，通过作品的使用获得的利益应当是计算作品使用费标准的依据。制定使用费标准时应当明确孤儿作品保护的社会有效性水平，这取决于诸多方面，包括对某一孤儿作品的需求弹性，适当考虑作品在使用过程的总范围中的使用比重，同时须适当考虑使用者的文化和社会利益。确定孤儿作品使用费标准考虑的因素较为复杂，由于孤儿作品在种类、利用方法、流通形态或经济

---

〔1〕 例如，德国《著作权法》第 11 条规定：“著作权保护作者与著作之间的精神和人身关系以及对著作的利用，著作权同时也用于保证通过利用著作而获得适当的报酬。”欧盟《信息社会版权指令》第 10 条规定：“如果作者或表演者要继续从事其创造性或艺术性工作，他们必须从使用其作品中获得适当报酬，制作者也应有此权利，以能够为其作品筹措资金。制作诸如录音制品、电影或多媒体制品等产品与提供诸如点播服务等服务需要巨额投资。为确保可获得此种报酬并提供令人满意的投资回报机会，有必要对知识产权提供充分的法律保护。”

价值等方面存在较大差异,因此只能根据各领域的不同性质设置相应的使用费标准。确定孤儿作品使用费既需要结合我国国情,又需要借鉴国际惯例,同时还要深入了解使用行业的具体情况,既要平衡著作权人和作品使用者之间的利益关系,也要从实际出发,保证操作上的可行性与公平性。使用费应该由一定比例的版税及一个固定的数额组成,这样的话,就算孤儿作品使用者对作品进行了成功的商业使用,其也不会获取一笔大额的不合理收益。本书认为,确定孤儿作品使用费标准需要考虑的因素具体包括:

1. 作品的类型

作品的使用方式往往受到作品类型的影响,故不同类型的作品其使用费标准也有所差异,如文字作品与视听作品。此外,独著作品与合作作品、自然人作品与法人作品、职务作品与委托作品等不同类型,都会对孤儿作品使用费标准的确定造成不同程度的影响。

2. 对作品的依赖程度

此项因素在所有需要考虑的因素中占据重要位置,因为它体现出一个简单的道理,即需求决定价值,需求越大,价值越高;需求越小,价值越低。根据对孤儿作品需求程度不同,其使用费的标准也应作区别设计。

(1)按行业进行区别设计

孤儿作品可能被不同行业的使用者所利用,但是每个行业对孤儿作品的需求程度是不同的。因此,孤儿作品的使用费标准应基于行业的不同需求而进行不同的设计。

(2)按使用频度进行区别设计

同一行业的使用者,由于经营状态的不同,对孤儿作品的使用需求也可能不完全相同,此时应对使用费标准作进一步区分。同样以音乐作品为例,最典型的莫过于广播电台、电视台对音乐作品的使用。一般来讲,对音乐作品的使用频度按从大到小排列的话,音乐台最大，综艺台次之，新闻台最小，这之间的差异是非常明显的。因此，即便是同一家广播电台、电视台，其音乐频道、综艺频道、新闻频道也会就音乐作品的使用从高到低适用不同的费率。以英国音乐著作权集体管理组织（PRS）广播权收费标准为例，广播电台、电视台各频道按照音乐作品使用频度的不同设定了从1%到3.5%不等的费率。[1]

（3）按使用方式进行区别设计

孤儿作品使用方式的不同也反映出对作品的需求程度不同。例如，以现场表演方式使用音乐作品就体现出对音乐的更高需求，如演唱会、演奏会、演艺活动等；以背景音乐方式使用音乐作品则体现出相对低的需求，如商场、超市播放背景音乐等。前者一般按演出收入设定音乐作品使用费的费率，后者则只是根据经营规模设定相应标准，不与经营收入挂钩。

3. 作品的创新和更新程度

作品的创新和更新程度往往会间接地影响到作品的使用费标准。[2] 一部作品是否会有新的版本或者有更好的替代品以及更新程度，是影响孤儿作品使用费的又一重要因素。

4. 行业规模和盈利情况

此项因素直接决定了孤儿作品使用者对著作权使用费的承受度。虽然著作权使用费是基于作品的公开使用才产生的，它与使用者是否将作品用于营利没有关系，与使用者的赢亏也没有关系，但是设计使用费标准时必须考虑作品使用者所处行业的情况。如

---

〔1〕 UK Intellectual Property Office, *Copyright, and the Regulation of Orphan Works: A Comparative Review of Seven Jurisdictions and a Rights Clearance Simulation*, AOL, https//zenodo. org/record/8377/files/CREATe – Working – Paper – 2013 – 07. pdf.

〔2〕 这一点在计算机程序上表现得特别明显，如 Windows xp 和 Windows vista 相继上市后，Windows 98 的价值就会因新版本的问世而降低。

果使用费支付标准设计过高，超出了全行业的承受度，影响了全行业的发展，则不能达到双赢的效果。

5. 发放许可证和收取费用操作的繁简程度

一般而言，在保证实现著作权人权益的前提下，许可收费操作越简单越好，这既有利于管理机构的良性运营，也简化了许可手续。以著作权集体管理组织为例，著作权集体管理组织是非营利性组织，但并不依靠国家财政拨款，而是从著作权使用费中扣除一定比例的管理费支持运营，而且这一扣除比例完全是由会员大会通过的。[1] 如果在一项许可证发放时，著作权集体管理组织投入的人力、物力超过从该项著作权使用费中扣除的管理费，则著作权集体管理组织在这项许可中是入不敷出的。如果因为收费标准制定不当，导致这样的许可普遍发生，则著作权集体管理组织是无法正常运营的。因此，如何能够尽可能地简化许可收费程序是制定收费标准应认真考虑的因素。

从操作的便利角度考虑，简明的操作更有利于作品使用者获得许可。如果标准过于繁杂，导致操作环节过多，手续办理不便，不仅会加大管理组织的成本，也会加重作品使用者的负担，不利于作品使用者获得许可。以背景音乐的收费标准为例，不论是中国还是外国，无一例外，均采用“一揽子”收费方式，即不以音乐作品的实际使用情况为依据进行收费，而是按照可测算的标准统一打包收费，如商场、超市、餐厅按照营业面积收费，宾馆按照床位收费等。例如，对一家餐厅的收费，是按照营业面积计算的，而不是按照实际使用音乐作品的数量和时间计费的。一般来说，各个餐厅

---

〔1〕 例如，中国《电影作品著作权集体管理使用费转付办法》第 5 条关于管理费规定：会员电影作品的著作权的使用费，协会按实收使用费提取 10% 作为管理费这一比例应当随着使用费收入的增加而逐步降低；非会员电影作品的著作权的使用费，协会按实收使用费提取 15% 作为管理费。这主要是考虑到对非会员电影作品使用费的管理（包括收取与转付）成本要更高一些。

音乐作品使用情况并不相同，有的用得多，有的用得少，如果一律按营业面积计费，不管是用了10首还是用了1首，只要同等规模就要交同样的费用。这种方式很容易为公众所误解，被认为不合理。如果改为1首音乐作品使用1次的方式计费岂不是更精确吗？多用多付，少用少付，不用不付，这种做法看似公平合理，实则很难实施。要精确统计背景音乐的使用情况，需要投入大量的精力，如果要求使用者在申请许可时提供作品使用的时间和数量的明细，则使用者进行统计工作的花费可能会超过使用费本身，这是作品使用者不愿承受的。

6. 市场环境和消费指数

管理机构在制定孤儿作品使用费标准时应根据市场环境和消费指数的变化在计费单价上作相应调整。[1]

（三）我国及其他典型国家有关作品使用费标准的规定

1. 我国著作权法的相关规定

著作权人有权依约定或法律的规定而获得报酬。[2] 在当事

---

〔1〕 例如，中国《电影作品著作权集体管理使用费收取标准》规定，本使用费收取标准为基准价。在实施过程中根据实际情况可作适当浮动，但浮动幅度由协会理事会讨论决定。

〔2〕 《著作权法》第30条规定："使用作品的付酬标准可以由当事人约定，也可以按照国家著作权主管部门会同有关部门制定的付酬标准支付报酬。当事人约定不明确的，按照国家著作权主管部门会同有关部门制定的付酬标准支付报酬。"约定付酬，是指著作权人和作品使用人根据意思自治原则而约定的付酬标准，付酬的多少取决于当事人的意愿。当事人可以在国家有关部门制定的付酬标准的幅度内约定具体的付酬标准，也可以根据作品的质量、反映、效果、使用的次数、作品公之于众的时间长短、作品在使用过程中产生的经济效益和社会效益等因素自行约定付酬标准。这一付酬标准既可以高于国家著作权主管理部门会同有关部门制定的付酬标准，也可以低于这个标准。法定付酬是指在没有约定使用作品的付酬标准或约定不明的情况下，当事人应按照国家著作权主管部门会同有关部门制定的付酬标准支付报酬。

人没有约定使用作品的付酬标准或约定不明的情况下，当事人应按照国务院著作权行政管理部门会同有关部门制定的付酬标准支付报酬。[1] 目前，国家版权局会同有关部门针对不同类型的作品的使用制定了相应的付酬标准。[2]

由于孤儿作品著作权人无法查找，故约定付酬的方式不能适用于孤儿作品，使用者只能根据法定付酬标准支付孤儿作品的使用费。在适用法定付酬标准时，本书认为，孤儿作品与非孤儿作品应当适用同一标准，没有必要针对孤儿作品的使用另行规定付酬标准。这主要是因为孤儿作品与非孤儿作品的区别仅在于孤儿作品著作权人无法查找，其作品的类型和实质价值与非孤儿作品并无差异，若对孤儿作品的使用费定价高于非孤儿作品的使用费定价，会对非孤儿作品的权利人不公平；若对孤儿作品的使用费定价低于非孤儿作品的使用费定价，则对重现的孤儿作品的著作权人不公平。因此，法定付酬标准不应因作品是否呈现"孤儿"状态而有所区别。

2. 其他典型国家关于孤儿作品使用费标准与影响因素的规定

影响孤儿作品许可使用费的因素有很多，各国立法往往会基于本国的现实生活情境，在区分商业性和非商业性用途的前提下，依据作品使用许可的商业惯例来确定孤儿作品可能的许可价格。下文通过对加拿大、日本、丹麦、匈牙利、法国等国家[3]孤儿作品

---

[1] 目前在我国，国家著作权主管部门是国家版权局。2013 年 3 月 19 日，国务院发布《关于机构设置的通知》，设置国家新闻出版广电总局作为国务院直属机构。国家新闻出版广电总局加挂国家版权局的牌子，在著作权管理上，以国家版权局名义行使职权。有关部门包括文化部、广播电影电视总局等与著作权保护有密切关系的行政管理部门。

[2] 主要包括：《录音法定许可付酬标准暂行规定》《广播电台电视台播放录音制品支付报酬暂行办法》《使用音乐作品进行表演的著作权许可使用费标准》《电影作品著作权集体管理使用费收取标准》等。

[3] 这些国家已有生效的孤儿作品许可制度。

条款的具体分析,尝试归纳出影响孤儿作品许可使用费的条件与因素。

(1)加拿大

加拿大版权委员会根据许可申请个案的事实情况和申请者的情况逐一决定孤儿作品许可使用的价格。在授予许可之前,版权委员会需要考虑的因素包括:申请者的预算、使用期限、从权利人处获取折扣或免除许可费用的可能性、作品的年限等。版权委员会尤其要求考察作品预期用途的具体而详尽的信息。许可费用有时要求事先支付,有时则仅仅是确定金额,只在权利人重现的情况下才需支付。申请人在向一个集体管理组织针对特定许可申请进行咨询后,有权对建议价格进行质疑。许可价格不包含手续费,因为加拿大版权委员会并不要求缴纳手续费。在加拿大,个别许可使用的价格比大规模许可使用的价格要高。非商业用途许可使用的价格则通常比商业用途的价格要低得多。最后,尽管价格很可能是基于个例逐一确定的,但大规模数字化项目一般会享受到折扣率。[1]

(2)日本

根据日本《著作权法》的规定,为了满足尽力查找的要求,通过公告搜寻孤儿作品著作权人信息的强制性费用与孤儿作品许可申请联系在一起。除了这个手续费之外,申请人必须支付由文化厅专员确定的使用许可的金额。例如,出版300册孤儿学术著作

---

〔1〕 UK Intellectual Property Office, *Copyright, and the Regulation of Orphan Works: A Comparative Review of Seven Jurisdictions and a Rights Clearance Simulation*, AOL, https//zenodo. org/record/8377/files/CREATe – Working – Paper – 2013 – 07. pdf.

需要支付约人民币1252元的许可费。[1]

(3)丹麦

丹麦实行的是延伸性集体许可模式。但是,丹麦的延伸性集体许可制度并非专为管理孤儿作品而设计的,孤儿作品仅仅是适用延伸性集体许可制度的一类作品。

由于孤儿作品的使用往往和非孤儿作品的使用一起被许可,难以对孤儿作品和非孤儿作品的许可价格分别予以确定,这是因为集体许可制度是典型的捆绑许可,尤其体现在同时包括孤儿作品和非孤儿作品的大规模数字化项目中。

以 Copydan Writing 为例[2],所有由 Copydan Writing 签订的协议需得到部级管理机构批准,协议之间不仅在价格方面有差异,在价格确定模式之间也会有差异。例如,有些协议有一个确定的年费,而其他的协议则以点击数为基础来计费,权利人可选择从协议退出(而自己设定价格)。Copydan Writing 提供了它涉及的小型数字化项目的案例,以作为丹麦版权法第 50.2 条(适用于孤儿作品的延伸性集体许可)许可实践的例子。例如:第一,为 8 ~ 12 岁儿童设立的名为 Palles Gavebod 的图书馆网站。协议各方是图书馆、Copydan Fine Arts 和 Copydan Writing,协议允许图书馆将书籍封面数字化并上传至网站。费用是每年 15,000 丹麦克朗(约 1600 英镑),该费用每年 1 月进行调整。被许可人为非商业性目的可以复制书籍封面并将其上传至一个为 8 ~ 12 岁儿童设立的国家图书馆的网站上;或者在介绍某一流派/作者/主题等时演示这些封面。但是在被演示时不能对封面进行改变,且其格式需固定

[1] UK Intellectual Property Office, *Copyright, and the Regulation of Orphan Works: A Comparative Review of Seven Jurisdictions and a Rights Clearance Simulation*, AOL, https//zenodo. org/record/8377/files/CREATe – Working – Paper – 2013 – 07. pdf.

[2] Copydan Writing 是丹麦的一个集体管理机构,负责文学作品权利的管理。

为 500 像素×500 像素，精度为 96。第二，将一部古诺尔斯语（古冰岛语）字典向公众开放的网站。协议允许特定词汇经查询后，被许可人可以将字典显示 3 页。费用为每年 10,000 丹麦克朗（约 1080 英镑），该费用每年 1 月进行调整。被许可人为非商业性目的可以扫描并储存版权保护的材料；以不可编辑的格式演示材料，材料必须存储于设密码保护的数据库中；每次搜索至多显示 3 页。[1]

（4）匈牙利

根据匈牙利相关立法，许可使用的价格是基于拟使用作品的方式和期限，根据个例逐项决定的。同时知识产权局也会考虑申请人的性质，且申请人在申请前已经进行了勤勉搜寻而无法找到作品的著作权人。在确定许可使用的价格时，知识产权局享有一定的自由裁量权，因此针对类似作品进行类似方式的使用且期限类似的申请，许可使用的价格会有差别。知识产权局在确定许可价格时通常会考虑在类似情况下非孤儿作品的商业惯例，以及被许可作品可能带来的预期收益。每个许可证最长期限 5 年，且许可证只在匈牙利境内有效。知识产权局有权确定使用被许可作品的具体条款。

匈牙利知识产权局提供了一些其授权许可机制的例子，如：为营利目的在 5 年期限内复制一本小说并销售 2000 册的许可价格为 150,000 福林；为营利目的在 5 年期限内复制一本专业书籍并

---

〔1〕 UK Intellectual Property Office, *Copyright, and the Regulation of Orphan Works: A Comparative Review of Seven Jurisdictions and a Rights Clearance Simulation*, AOL, https//zenodo. org/record/8377/files/CREATe – Working – Paper – 2013 – 07. pdf.

销售 600 册的许可价格为 80,000 福林。[1]

这些被授予的许可是为商业目的,因此许可费在使用前已缴付给知识产权局。如果是为非商业目的使用,则许可费将在作者的身份或下落确定后才予以支付。

值得注意的是,在匈牙利,申请人除了缴纳许可费之外还需要支付手续费。手续费会根据使用目的以及申请形式的不同而有所不同。申请可根据知识产权局提供的申请模板进行,也可以采用自由的模式撰写。在后一种情况下,手续费较高。申请也可以电子方式提交。[2]

(5)法国

法国 2012 年《20 世纪绝版书数字化法案》。该法规定设立一个特别集体许可组织(SOFIA)用于为“绝版书”(包括孤儿作品)授予许可证。但是,有关许可程序和集体管理组织构成的细节还需等待新的法令进行规定。因此在法国还没有关于孤儿作品许可价格的信息。但是,通过考察集体管理组织目前的条例和定价可以帮助我们合理预测法国未来对孤儿作品许可的定价。以视觉艺术作品著作权集体管理组织(ADAGP)为例,法国有 22 个集体管理组织,ADAGP 是其中最具代表性的,因为其涉及的著作权作品广泛,包含的成员最多。该组织主要负责收取书籍印制、印刷品(报章、杂志等)、绘画作品(海报、日历等)、油画、雕塑、照片、多媒体、动画电影(电影、纪录片、广告、电视节目等)、网络作品(付费

---

[1] UK Intellectual Property Office, *Copyright, and the Regulation of Orphan Works: A Comparative Review of Seven Jurisdictions and a Rights Clearance Simulation*, AOL, https//zenodo. org/record/8377/files/CREATe – Working – Paper – 2013 – 07. pdf.

[2] UK Intellectual Property Office, *Copyright, and the Regulation of Orphan Works: A Comparative Review of Seven Jurisdictions and a Rights Clearance Simulation*, AOL, https//zenodo. org/record/8377/files/CREATe – Working – Paper – 2013 – 07. pdf.

节目、网站等）相关的使用费用。据 ADAGP 称，营利性机构在网上发布著作权作品（种类未特别指明）的许可价格为每月每 5000 ~ 10,000 件作品（至少）3047 欧元，另外需加上出售书籍特定百分比的收入，该百分比根据个例逐一商议确定。非营利性文化或教育机构如博物馆、文化中心、学校等若想将其档案以数据库的形式在网上发布，则需为 40,000 ~ 50,000 件作品每月支付 842 欧元。这个价格是为非商业性目的开发设定的，而为商业性开发则适用为营利而出版的一般性规则。[1]

尽管上述许可价格并非专门针对孤儿作品而设定，但其可以帮助我们推算出在法国使用孤儿作品的可能价格。

通过对上述国家有关孤儿作品条款的分析，可以看出影响孤儿作品使用费的条件与因素的一些共同特征，具体包括：

第一，不同种类的许可制度对许可价格影响很小。尤其是延伸性集体许可制度下许可价格并未显得比其他许可制度下许可价格高出很多或低很多。在集体许可制和个别许可制中，针对孤儿作品潜在使用者的平均收费水平相似。该调查结果减少了关于不同许可机制将导致不同费率的争论。因此孤儿作品使用机制的运行费是影响选择个别或集体方式的重要因素。

第二，孤儿作品的许可价格没有固定的标准。实际上，费率千差万别。比如，获取一个民谣档案馆中 50 件作品的商业性使用的权利，在加拿大需每年支付相当于 188 英镑的费用，在法国（合理

---

〔1〕 UK Intellectual Property Office, *Copyright, and the Regulation of Orphan Works: A Comparative Review of Seven Jurisdictions and a Rights Clearance Simulation*, AOL, https//zenodo. org/record/8377/files/CREATe – Working – Paper – 2013 – 07. pdf.

假设下)则每年需支付9312英镑。[1]

第三,在上述考察的国家中,商业性使用的许可费用都高于非商业性使用的许可费用。表5-2展示了加拿大对书籍的大规模数字化而制定的许可费用。该表考察的是针对100,000册已无法在市面上买到的书籍进行数字化可能收取的许可费用。假设每本书的平均页数为300,则为商业性使用的费用是每页0.25加元,为非商业使用的费用是每页0.15加元。(见表5-2)

表5-2 加拿大对书籍的大规模数字化而制定的许可费用

使用目的	费率/加元	书的数量/册	平均页数/页	总页数/页	许可证费/加元
商业	0.25	100,000	300	30,000,000	7,500,000
非商业	0.15	100,000	300	30,000,000	4,500,000

表格来源:UK Intellectual Property Office, *Copyright, and the Regulation of Orphan Works: A Comparative Review of Seven Jurisdictions and a Rights Clearance Simulation*。

第四,一些被考察的国家在确定许可价格时会考虑使用孤儿作品许可证的申请者的经济状况(申请者的"预算")。尤其是丹麦和匈牙利,申请者的经济状况在确定许可价格时是一个重要的考虑因素。

第五,集体许可制度在应对大规模数据化需求方面,相比个别许可制度而言呈现出不成熟的特点。许可价格、许可形式、许可时间等都给欲进行大规模数字化项目的私有和公共机构造成了巨大的障碍。丹麦和匈牙利的实践,即考虑申请者的预算可能可以解

[1] UK Intellectual Property Office, *Copyright, and the Regulation of Orphan Works: A comparative review of seven jurisdictions and a rights clearance simulation*, AOL, https//zenodo. org/record/8377/files/CREATe - Working - Paper - 2013 - 07. pdf.

决大规模数字化项目的高额费用问题,在任何新立法中都可能被借鉴。

第六,关于许可证的合理期限各国没有达成共识。各国许可证的期限差异很大,从按月计算到5年期不等,但无永久性许可的规定。永久或长期许可与大规模数字化项目尤为相关,因为短期许可会使得项目花费过高而无法执行。在定期许可下,若权利人在许可证期限内重现,被许可人可以继续使用作品直至许可证期满(但权利人可要求被许可人支付报酬);或者,如果许可证中包含一段较长的通知期限,则非商业性使用者无须在定期许可证到期后重新申请,但若权利人重现,使用者则需要在如1年以后停止使用,除非权利人允许其继续使用。

总的来说,应对孤儿作品问题需要一个更加有组织且一致的方式,这体现在许可证的费率设置和期限设置以及运作任何一个许可模式的成本上。

第六章　孤儿作品的合理使用

为了协调著作权人的利益和社会公众的利益，缓和知识共享与权利独占之间的矛盾，立法者特别创设合理使用原则，允许社会公众在一定程度下得以自由使用作品，无须征得著作权人的同意也无须支付费用。然而因科技发展而产生的新的作品使用形式是否会影响合理使用标准的判断？相关不利合理使用的认定结果是否因此影响使用者的言论自由与学术研究自由？这些是思考孤儿作品的合理使用制度必须涉及的问题。

一、孤儿作品合理使用制度概观

合理使用是指在法律有明确规定的情况下，著作权人以外的人在指明作者姓名、作品名称的前提下，无偿使用著作权人作品且无须经著作权人许可的著作财产权限制制度。设置合理使用制度的意义在于保障社会公众免于因著作权过度扩张而影响了著作权法促进知识与学习进步目的的实现。

由于合理使用制度是对著作权人权利的限制，因而国际公约对此有较为严格的要求。《伯尔尼公约》第9条第2款规定了著作权的限制或例外应当符合“三步检验法”，即有关的使用是就具体的特殊情况而言，该特殊情况下的使用没有影响著作权人对作品的正常使用，也没有不合理地损害著作权人的合法权益。不过，《伯尔尼公约》规定的“三步检验法”仅局限于复制权，而没有涉及其他的权利内容。世界贸易组织的《与贸易有关的知识产权协定》第13条则将《伯尔尼公约》的“三步检验法”扩展到所有的著作权权利。

各国家及地区立法规定的合理使用以及每种合理使用的形式都取决于社会对使用作品的需要和期望的评估。因此,在一国家及地区被承认的合理使用,不一定在其他国家及地区也被承认。关于合理使用的具体情形,英美法系与大陆法系的规定方式大不相同,英美法系国家及地区只是规定了合理使用的一般原则,将具体的合理使用情形交由法院在司法实践中加以界定。在大陆法系国家及地区,则是在法律条文中尽可能全面地规定合理使用的情形,由法院在法律规定的范围内加以解释,法院不能在法律规定之外另行创设合理使用的特例。

笔者认为,孤儿作品的合理使用制度和孤儿作品条款应当在法律中共存。各国家及地区立法虽然没有明确说明如何将合理使用的规定用于孤儿作品中,也没有专门针对孤儿作品制定合理使用的条款,但有关合理使用判断标准与合理使用具体情形的规定同样适用于孤儿作品。例如,为了评论、教学或学术研究使用著作权作品,构成合理使用,这里的著作权作品当然也包括孤儿作品。

值得注意的是,合理使用例外对于解决孤儿作品问题能起到的作用十分有限,因为在明文规定合理使用具体情形的大陆法系国家,如果对孤儿作品的使用属于合理使用,则直接适用合理使用的一般规定即可,无须对孤儿作品的孤儿现状进行调查。也就是说,合理使用具体情形的适用不受作品的孤儿状态影响。而在将合理使用情形交由司法实践界定的英美法系国家,情况则更为复杂,由于判断合理使用标准的不确定性及高成本,使得合理使用条款对于孤儿作品的使用者而言并没有吸引力,因其不能表明在既定范围内何种使用是合理使用。尽管美国版权局在《2015 年报告》中支持在特定情况下对孤儿作品进行的合理使用,符合美国 1976 年《著作权法》第 107 条的要求,但也无法认定作品的孤儿状况可以向合理使用倾斜。

合理使用不仅仅是一种便利,还需要作适当的分析。为让作品的孤儿现状在分析中起到一定作用,首先要制定一个权威的标准,以在最初阶段就判定作品的孤儿性质。[1] 美国版权局认为,合理使用所进行的事后判断缺乏预测的可能性,使用者会为诉诸法律带来的影响而担忧,谷歌数字图书馆案的判决并未直接解决孤儿作品问题,就算其能为孤儿作品问题提供指导,适用情形也只有以下几种,即当接受者仅为阅读困难者时或提供的内容为少数作品的节选,这两种情况都不能满足孤儿作品的公众广泛使用性。除此之外,合理使用是事后决定,对于那些利用孤儿作品进行衍生作品创作的使用者而言并无益处,并且其前期投入还可能由于提出禁令救济的(再次现身的)著作权人毁于一旦。[2]

尽管合理使用制度在解决孤儿作品的使用问题上并不是最好的方法,但是,对非营利的图书馆和档案馆等公共文化机构而言,合理使用制度是将孤儿作品从馆藏中解放出来的有力工具。对于公共文化机构非营利性的使用孤儿作品是否构成合理使用?公共文化机构在著作权人重现后是否应向其支付合理的使用费?对以上问题,美国和欧盟有不同的立场。美国的两个孤儿作品法案中均规定,当侵权者为非营利性教育机构、博物馆、图书馆、档案馆或公众传播机构时,侵权行为不涉及商业利益且其目的是出于教育、宗教或慈善时,使用者不应进行经济赔偿,只需在收到索赔通知后即刻停止侵权行为。这是从责任限制的角度免除公共文化机构基于非营利性目的使用孤儿作品的赔偿责任。美国学者 Jennifer

---

[1] U. S. Copyright Office, *Orphan Works and Mass Digitization*: *A Report of the Register of Copyright*, AOL (Sept. 3, 2016), https//copyright. gov/orphan/reports/orphan – works 2015. pdf.

[2] U. S. Copyright Office, *Orphan Works and Mass Digitization*: *A Report of the Register of Copyright*, AOL (Sept. 3, 2016), https//copyright. gov/orphan/reports/orphan – works 2015. pdf.

M. Urban 更是主张公共文化机构非营利性使用孤儿作品应当构成合理使用,无须取得著作权人许可,也无须支付报酬。欧盟《孤儿作品指令》第 6 条第 5 款规定,图书馆和档案馆等公共文化机构可以先使用孤儿作品,在著作权人提出终止孤儿作品资格后,向著作权人支付使用费。关于合理使用制度能否用于解决孤儿作品问题,我国目前鲜有学者论及,只是在对谷歌为构建数字图书馆,未经授权扫描他人作品的行为是否构成侵权问题的关注与讨论中,有观点认为,由于市场无法完成作品资源的优化配置,谷歌的行为宜认定为合理使用。[1] 关于孤儿作品的合理使用问题,美国 Jennifer M. Urban 教授认为,合理使用虽然不能够解决使用者对孤儿作品的所有使用,但是,对美国非营利图书馆和档案馆的数字化工程而言,合理使用会成为将孤儿作品从馆藏中解放出来的有力工具。[2] 更有学者认为,图书馆对作品的数字化利用属于非表达性使用,无论是否涉及孤儿作品都是合理使用。

我国 2020 年《著作权法》并未就公共文化机构非营利性使用孤儿作品的问题作出特殊规定。下文将对此问题进行探讨。

二、公共文化机构非营利性的使用

作为平衡著作权人独占权利与社会公众获得信息利益的重要手段,合理使用制度在著作权法中占有重要地位。随着传播技术手段的日新月异,人们获取知识的手段更先进、更快捷,原本属于合理使用范畴的使用方式可能变得不合理,原本法律没有规定的使用方式,应当确定新的合理使用的界限。所有这一切,都会使合理使用的适用范围发生变化,因此,合理的标准与不合理之间的界

---

〔1〕 姚鹤徽:《谷歌数字图书馆著作权合理使用问题的法经济学分析——兼论我国著作权法相关规定的完善》,载《图书馆》2012 年第 6 期。

〔2〕 Jennifer M. Urban, *How Fair Use Can Help Solve the Orphan Works Problem*, 27 Berkeley Technology Law Journal 1379(2012).

限应当是可变的。因此,为适应社会与科技的发展,合理使用制度应被赋予新的意义与生命。

(一)公共文化机构非营利性使用孤儿作品的正当性

以图书馆为代表的公共文化机构对一个国家来说至关重要,其价值并不在于自身的经济价值,而在于它通过促进知识信息的传播与转化,产生巨大的社会效益以及由此引发的经济效益。[1]图书馆的核心价值可以定位于收集、保存、传播信息知识,保障公民对获取信息的自由和平等,充分满足读者或用户需求,促进社会的进步与发展。

在数字网络时代,人们对网络阅读和利用作品的需求越来越大,保存并提供作品的数字化内容就成为图书馆等机构最重要、也是必需的改进措施。事实上,孤儿作品问题的产生就是源于大规模数字化活动。知识产权组织著作权与相关权常设委员会关于"图书馆和档案馆限制和例外条约"的讨论中,专门将孤儿作品作为重要问题之一,这也证明了孤儿作品与图书馆等文化机构的密切关系。

首先,这些机构最基本的功能之一是保存他们收藏的作品。数字化保存这些资料有重要的社会利益,可以防止有价值的文化

〔1〕 美国图书馆协会(ALA)在2004年《图书馆工作核心价值宣言》中,把图书馆核心价值概括为11个方面:读者可公平取用信息、保障读者的隐私、民主、多元性、教育及终身学习、维护知识自由、公共物品、图书馆员的专业性、保存资源、服务民众、负有社会责任。国际图书馆协会和机构联合会(IFLA)在2003年发布了其核心价值,主要包括:(1)认可被包括在《人权宣言》第19条中的自由获取信息、思想、想象力作品的原则,以及表达自由的原则;(2)人们相信,为了他们的社会、教育、文化、民主和经济的健康发展,社区和组织需要普遍而平等地获取信息、思想、想象力作品;(3)提高质量的图书馆和信息服务能确保其有效获取;(4)承诺使所有参与国际图书馆协会和机构联合会的成员参与并从中获益,而不论其公民身份、残疾、种族、性别、地理、语言、政治哲学、种族或宗教。

资料遗失。美国国会和法院有时候已经认可保存文化资料的公共利益,包括保存易变坏的电影胶片、脆弱的手稿和 HathiTrust 资料库里几百万的图书。[1] 在 Hathi Trust 案中,法院认为图书馆复制一整本未发表的作品,"脆弱的,70 年之久的原始手稿"是合理使用,并且"毫无疑问有利于公共利益和文艺的发展"。[2]

其次,提供数字化作品。提供作品的获取也是图书馆的核心任务。对公共文化机构来说,将他们的藏品数字化可以缓解由于政府补贴减少而面临的财政压力。

最后,作品的数字化索引。如果馆藏作品不能被使用者找到,它们就不能提供所包含信息的文化价值。因此,图书馆在历史上已经创造了目录和查找工具帮助管理和获取馆藏作品。数字技术的出现在很大程度上增强了这个功能。改进的搜索和处理器技术能够对所有数字信息进行快速计算分析,使研究人员能够访问大量信息,并发现(或重新发现)材料(文本和数据挖掘活动)。事实上,数字化活动加上搜索功能构成了转换性使用,因为它们将图书馆的收藏转化为可搜索的书。文本和数据挖掘活动需要不断地数字化和获取新的与旧的作品。此外,它还允许数字数据库的"所有者"免费或收费地进行独立的文本挖掘研究。

对于一个涉及成百上千乃至数百万著作权作品的数字化项目而言,在事前取得所有著作权人的个人许可所耗费的成本往往会超过使用者使用的价值,哪怕每个著作权人都能被找到,这一点也是确信无疑的。尽管如此,如果某个图书馆或者档案馆认同使用作品需要许可,并自愿为许可付费(如提供某类著作权作品的信息网络传播),为明晰产权带来的负担也会让其无法这样做。但

---

〔1〕 Sundeman v. Seajay Society, 142 F. 3d 194 (4th Cir. 1998), p. 203.

〔2〕 Authors Guild, Inc. v. HathiTrust, 902 F. Supp. 2d 445 (S. D. N. Y. 2012), p. 459 – 460.

是,要在无明确法律规定的情况下允许此类使用则会对著作权人的合法权益和投资活动产生严重损害。我们在分析可能的解决方式时,应当考量此种解决方式对著作权制度产生的短期和长期的影响。合理使用可以减少与谈判、监督和收取许可证行为及费用有关的交易成本,许可证制度也可能在不经意间延迟作品进入公共领域的时间,因为作者无从查找,所以人们永远无法确定作品受法律保护的期限。并且与许可证制度相比,合理使用制度能够确保公共文化机构对其馆藏品的大规模数字化以更快的速度进行;这可能更经济高效,也符合公众利益。因此,本书认为,应该利用著作权法的合理使用理论,允许非营利性的图书馆、档案馆等公共文化机构将其馆藏中被适当认证过的孤儿作品数字化,并且允许将这些作品提供给公众以用于非商业行为,如阅读、浏览和进行学术研究等。

合理使用理论允许特定情况下使用作品不需要获得著作权人许可,也不用支付使用费。该理论为非营利性的图书馆和档案馆等公共文化机构使用孤儿作品提供了新的解决方法。尽管通过合理使用制度解决公共文化机构对孤儿作品的使用问题并不是一个完整的方案,[1]但是相对其他的解决方法而言,合理使用具有一定的优势。在合理使用的情况下,不用建立作品使用许可体系,减少了管理和交易的成本,同时,允许图书馆和档案馆等公共文化机构对孤儿作品进行合理使用有助于实现著作权法促进知识传播以及支持表达自由的重要目标。

数字化技术为图书馆和档案馆等公共文化机构将其馆藏的作品数字化并使之更广泛地被公众接触提供了可能。图书馆和档案馆等机构馆藏的许多作品都是稀有的、专业性很强的作品,其中有

---

〔1〕 对于非营利的图书馆和档案馆等公共文化机构使用之外的孤儿作品的使用,不适用合理使用的解决方案。

相当一部分作品是孤儿作品。这些作品传统的印刷版本不会有很高的商业价值，所以也不会被广泛发行，但是，这些作品是一个国家和民族历史与文化的记录，对人类知识的进步至关重要。如果这些作品不能通过数字化得到保护，也不对公众开放，那么它们的“孤儿状态”将会产生巨大的社会损失，很多作品在进入公有领域之前就会消失。

正如美国研究型图书馆协会2012年度《学术及研究型图书馆合理使用最优方法准则》中所说，在对特殊馆藏如孤儿作品进行数字化时，图书馆是坚定的合理使用者。[1] 对于从未进入商业领域或无法追溯到版权所有者的作品，需要适当的例外，从而使文化机构能够保存和提供这些孤儿作品。[2] 因此，促进这类作品的使用是实现社会文化、科学事业的进步与繁荣的需要，这也正是公共文化机构使用孤儿作品构成合理使用的正当性所在。

此外，合理使用是一个鲜明的经济工具，Gordon教授建议，只有在市场失灵存在的情况下，侵害著作权诉讼中的被告才能够以合理使用作为抗辩。也就是说，只有在市场无法提供一般大众所欲接触并使用的作品，且著作权人不会因为未经授权即使用其作品而蒙受极大的损失时，法院才允许以合理使用作为侵害著作权抗辩的空间。[3] 因此，判定合理使用是否适当，应看市场上的瑕疵是否造成市场无法运作。孤儿作品代表了明显的市场失灵，由于交易的一方缺位，不论交易的成本有多高，都不具有完成著作权

---

〔1〕 U. S. Copyright Office, *Orphan Works and Mass Digitization*: *A Report of the Register of Copyright*, AOL (Sept. 3, 2016), https//copyright. gov/orphan/reports/orphan – works 2015. pdf.

〔2〕 米梓源等：《国外孤儿作品合理使用问题的评介与思考——以日本、欧盟的法理思考为例》，载《图书馆杂志》2019年第9期。

〔3〕 Wendy J. Gordon, *Fair Use as Market Failure*: *A Structural and Economic Analysis of the Betamax Case and Its Predecessors*, 82 Columbia Law Review 1600 – 1601 (1989).

交易的可能性。从经济角度看,假如无法设计出高效且能减少交易成本的授权系统,那么应规定图书馆和档案馆使用孤儿作品的相关特例是合理的,因为它能在交易成本过高时阻止著作权交易的发生,否则,图书馆和档案馆利用的范围将会非常有限,从而对社会造成“无谓损失”,即生产者与消费者均无法获益的福利损失。当然,强制要求在一项作品被宣布为孤儿作品之前进行认真的调查,一些成本优势会受到轻微损害。

除了交易不能导致孤儿作品市场失灵之外,“正外部性”也是产生市场失灵的主要原因。[1] 图书馆和档案馆对作品的使用尤其可能产生这些外部积极效应,作品的利用旨在惠及不特定的社会公众,即作品的正外部性由社会公众获得。[2]

由孤儿作品市场失灵所造成的社会伤害可能源于积极的外部效应。图书馆和档案馆等公共文化机构将孤儿作品数字化并向社会公众公开,以学习和分享文化历史的方式充分利用归于公众的文化和教育资本,能够产生积极的外部效应。当然,那些后继的研究、学术论文和其他来自孤儿作品使用的社会输出代表了随着被公开的作品而带来的积极外部效应。一般而言,著作权人授权使用者使用其作品的意愿取决于使用者付费使用的意愿,而使用者付费使用的意愿则取决于使用者对其能从使用或改进该作品而获

---

〔1〕 所谓外部性,即社会中的个人行为会给他人的福利带来影响,该影响包括正外部性和负外部性,前者即个人行为给他人带来了额外的利益,后者是指个人行为给他人带来了额外的成本。对著作权市场来说,如果使用者利用作品的收益无法完全由自己享有,使用者对权利人的支付意愿就不会把外溢到第三方的利益考虑在内,而权利人也更愿意将作品投入外部性更低的领域,因此导致了有别于交易成本过高的另一类市场失灵。此时,由于特定利用行为具有过高的正外部性,市场主体趋利避害的本性决定了权利人与使用者都不愿承担该外部性,进而造成交易无法实现。See Wendy J. Gordon, *Fair Use as Market Failure: A Structural and Economic Analysis of the Betamax Case and Its Predecessors*, 82 Columbia Law Review 1605 (1989).

〔2〕 熊琦:《论著作权合理使用的适用范围》,载《法学家》2011 年第 1 期。

得利益的预期。相反,当使用者利用作品的行为将产生极大的社会利益——例如,教学或学术研究等产生正面的外部性活动——但却无法为其个人收回投资时,该使用者将可能低估其行为的价值。其结果是使用者将可能不愿或无法负担使用作品的费用,在无法获利的情况下而不愿投资,即使此类使用者所创造的总体社会福利将高于著作权人所要求的使用费,这种状况的存在显然不利于著作权法目的的实现。意图使用作品的性质也影响了使用者是否决定去查找著作权人,像学术的或其他非商业性使用,任何查找成本都将超过使用预期的金钱回报。比如,康奈尔大学图书馆一个项目需要对特定一批作品进行权利审查,在总共花费了 5 万美元后,找不到著作权人的占 58%。[1] 英国国家档案馆,2009 年在查找未发表作品著作权人时,以 35,000 英镑的年薪雇用了一个人,要求其全职工作 2 年,寻求 1114 个文件的数字化和在线访问许可。最终获得许可 597 件,45 个拒绝了许可,77 个为有条件支付,385 个文件的权利人不确定,10 个发出了通知但没找到著作权人。[2]

此外,在面对市场失灵时,还需要考虑的问题是合理使用是否会破坏权利人将来创作和传播新作品的动机?有观点认为,为公共文化机构使用孤儿作品设置的"安全港",不让重现的著作权人向非营利性使用者要求金钱救济是"不利的"且"有害的"。例如,医学绘图员多依靠非营利性机构如大学或基金会获取许可收入,若允许公共文化机构在无金钱损失限制的情况下对孤儿作品进行

---

〔1〕 Register of Copyrights, *Report on Orphan Works* (Jan. 2006), http://www.copyright.gov/orphan/orphan report.pdf, p. 32.

〔2〕 European Commission, *Impact Assessment on the Cross – border Online Access to Orphan Works*[Brussels, SEC (2011) 615 final], https//ec.europa.eu/internal_market/copyright/docs/orphan – works/impact – assessment_en.pdf, p. 56.

侵权使用,医学绘图员的经济动力便不复存在。[1]

本书认为,允许公共文化机构对孤儿作品的合理使用是十分必要的,并不会对职业艺术家的创造力产生损害。许多非营利性机构如图书馆、档案馆、博物馆都致力于获得及保护特殊的重要作品,并且有义务让其可为大众使用。当此类作品变成孤儿作品时,完成此项任务的过程中就充满了法律不确定性。"安全港"的设置是基于一个前提,即可以适用"安全港"的机构应向有权机关提出使用声明文件。若有人发现非营利性使用者未能进行尽职调查或不符合立法议案中的程序机制,使用者则应当对著作权法中提到的所有赔偿负责,包括法定赔偿。

一般情况下,作者担心和自己的权利分离可能会限制他人对自己作品的再利用,或者限制作品对公众开放,但是这样的情形对孤儿作品而言是不可能发生的。孤儿作品许可制度的激励效应非常有限,正如上文所述,包含在孤儿作品性质中的属性不太可能具有商业价值,一些非经济因素的创作理由,可以表明对孤儿作品的再利用不会破坏创作动机。因此,当对孤儿作品的市场不存在可以认知的损害时,我们不需要通过禁止对孤儿作品的潜在市场和价值没有影响的使用去保护作者创作的动机,而应该担忧拒绝将这类作品投入使用所造成的公共利益损失。

(二)"三步检验法"的具体适用

关于合理使用的判断标准,世界上绝大多数国家及地区的著作权法接受了从《伯尔尼公约》到《与贸易有关的知识产权协定》所规定的"三步检验法"。该标准是界定合理使用的系统阐述,也是对司法实践经验的高度概括,有助于我们进一步理解什么是合

---

〔1〕 U. S. Copyright Office, *Orphan Works and Mass Digitization: A Report of the Register of Copyright*, AOL (Sept. 3, 2016). https//copyright. gov/orphan/reports/orphan – works 2015. pdf.

理使用,以及检验合理使用应当考虑的因素。下文试以“三步检验法”为主线,对公共文化机构使用孤儿作品构成合理使用的基本要素作一浅显的探讨。

世界贸易组织(WTO)争端解决小组为“三步检验法”作出了解读并对其实用性进行了指导。[1]

第一步,只适用于特殊情况。特殊情形包括特殊的适用范围和特殊的使用目的。

就适用范围而言,属于限制或例外范围内的适用应当是特殊情况,应在确切、严格的范围内适用,其他更广泛的范围是不被接受的。这是要求该项例外在国家法中有清晰定义,适用范围较窄。故使用者的范围是决定能不能称为特殊情况的关键因素。在我们看来,公共文化机构使用孤儿作品应满足该要求,因为使用者仅限于公共文化机构。这样的话,许多潜在的非公共文化机构的使用者则被排除在外。

就目的而言,也应当是特殊的,符合一些明确的公共政策(如保护基本自由、保护有关教育和获取信息的公共利益、消除市场失灵的需要、禁止反竞争行为以及其他有关的公共政策)。就使用孤儿作品的目的来看,图书馆、档案馆等公共文化机构复制孤儿作品并向社会公众提供的行为是出于非商业的、于社会有利的目的(包括教育、传播知识、传统的研究形式或新的文本与数据挖掘等)。

---

〔1〕 世界贸易组织版权专家组对美国《著作权法》第110(5)条争端的裁决为我们提供了考察“三步检验法”含义的机会。美国1976年《著作权法》第110(5)条根据1998年《公平音乐许可法》作了修改,对公开表演和广播的专有权规定了“家庭型例外”和“商业型例外”。欧共体及成员国向WTO提出控告,认为该规定违反了“三步检验法”。由于双方经过磋商无法达成解决方案,版权专家组对该争端作出了裁决。WT/DS160/R, June 15, 2000 (hereinafter Panel Report). 转引自朱理:《著作权的边界——信息社会著作权的限制与例外研究》,北京大学出版社2011年版,第102页。

创造和传播知识是图书馆和档案馆等公共文化机构的使命。这一使命包括保护书籍、电影、论文和其他作品中所包含的知识以及向其读者或者是其他更广泛的群体传播这些知识。图书馆和档案馆为了防止读者、研究者的文化资源,如书籍、照片、录音、影视资料和网络传播的各种材料丢失,会寻求对大量的孤儿作品加以保护。这一点对孤儿作品而言至关重要。因为孤儿作品已经没有现存的权利人对它们施以保护,也不会有人授权他人对该作品进行保护,因此,相比其他作品而言,孤儿作品有着更大的被遗忘的风险。

具体而言,图书馆和档案馆等公共文化机构于社会有利的功能性使用可以体现为两个层次:第一个层次的使用是由图书馆和档案馆等机构对作品的初始数据化,包括为保存作品而进行的复制、制作索引和目录等。第二个层次是图书馆和档案馆等文化机构将数字化作品向服务对象如读者或社会公众提供,为阅读、浏览、进行学术研究、增长学识以及其他对社会有益目的的使用提供直接获取作品的渠道。

关于第一层次的使用,各国著作权法已将其纳入合理使用的范围,允许图书馆、档案馆、纪念馆、博物馆等公共文化机构为了陈列或保存版本的需要而复制作品。[1] 历史上,保存例外允许公共文化机构在模拟环境中复制作品,并将其用于有限和特定目的,如复制和获取缩微胶片上的作品。在数字时代,引入了新的著作权例外,承认格式转换,从而允许机构通过其场所的"专用终端"提

---

〔1〕 美国1976年《著作权法》第108条第2款和第3款规定:图书馆和档案馆可以为了馆藏,复制未出版的和已出版的作品。就未出版作品来说,图书馆或档案馆可以将未出版作品的复制品提供给其他的图书馆和档案馆,作为馆藏之用。就已出版作品来说,图书馆或档案馆在需要补充丢失、毁损或被偷复制品时,如果不能以合理的价格获得,可以为收藏而复制。另外,德国《著作权法》第52条、法国《知识产权法典》第L.122-5条、日本《著作权法》第31条以及我国2020年《著作权法》第24条第8款均作了类似的规定。

供作品的数字副本。图书馆和档案馆等机构对著作权主体明确的作品的合理使用主要属于第一层次的使用,使用的方式仅限于为了陈列或保存版本的需要而复制馆藏作品,排除了第二层次的使用,即图书馆和档案馆等机构不得从事有系统的复制和提供。这样规定是合理的,因为图书馆等机构大规模的复制著作权人明确的作品并向公众提供的行为会干扰和破坏书籍、杂志及其他作品的出版市场和著作权交易许可市场。但是,当存疑的作品一旦被确认为孤儿作品,就不会再有这种担忧,因为著作权人无法找到时,原始的出版市场和著作权交易许可市场都不可能有效地形成,所以,法院不用担心图书馆和档案馆等机构出于有利于社会的目的而复制并向公众提供孤儿作品会损害到相关市场。相反,图书馆和档案馆等机构复制孤儿作品并提供给公众,可以使公众发现作品的新用途进而实现和提升作品的价值,这种提供行为具有重要的社会意义,不仅可以实现著作权法支持学习、研究的目的,而且可以通过提供行为唤醒那些故意丢弃作品或对著作权继承毫不关心的权利人的著作权意识,使其重新对作品负责。

第二步,不与作品的正常使用发生冲突。若作品被用于商业市场或与其著作权人相竞争,则该例外条件无效。[1] 也就是说,如果使用方式与著作权人通常利用作品的方式产生竞争或是形成市场替代,那么该使用方式就与作品的正常使用发生冲突。

在分析合理使用时,美国法院考虑的重要的因素之一是被告的使用对"著作权作品的潜在市场或价值所产生的影响"。在

---

〔1〕 世界贸易组织(WTO)争端解决小组认为:"如果原则上应该为权利所覆盖的使用方式被限制和例外所豁免,并与权利人通常利用作品获取经济利益的方式形成竞争,因而剥夺了权利人的重要或切实的商业收益,我们相信专有权的限制和例外造成了与作品的正常使用的冲突。"WT/DS160/R, June 15,2000(hereinafter Panel Report). 转引自朱理:《著作权的边界——信息社会著作权的限制与例外研究》,北京大学出版社 2011 年版,第 102 页。

1985 年《福特回忆录》判例中,美国法院声称该标准是“合理使用中唯一最重要的因素”。[1] 这一标准之所以重要,是因为它和美国著作权法强调的激励理论是紧密相连的。不伤害作品潜在市场的使用就不会损害著作权提供的创作动机,也就更容易进行合理使用。当被告对作品的使用伤害了作品既存的市场或者可以合理预见的潜在市场时,创作的动机也有可能被伤害了,市场损害因素就有可能反对合理使用。

在考虑对著作权作品的市场造成伤害的可能性时,法院一方面要考虑什么是著作权作品的市场,即对著作权人而言,一般会发展或授权他人发展的市场和著作权作品的常规市场;[2] 另一方面也会考虑被告对作品的使用是否可能损害这些市场。当市场无法形成或者存在对社会有危害的缺陷时,如无节制的交易成本和消极的外部效应,被告的使用也不太可能对著作权作品的市场造成损害。孤儿作品的交易不能是市场失灵的典型例子,这不仅仅是因为孤儿作品无法在市场上购买到,也是因为存在交易障碍,缺乏与使用者进行协商的权利人,交易不能而导致与孤儿作品相关的市场无法形成。对于孤儿作品来说,因为没有可以联系的权利人,不管使用者为了进行协商付出了多少成本,也不可能达成交易,即便是对于存在某个地方的权利人而言,由于这些权利人可能是对作品遗忘或者不感兴趣的继承人,要完成交易也需要付出高昂且不合理的交易成本。因此,与孤儿作品相关的市场是不可能形成的,图书馆和档案馆等机构为了保护和公开这些作品所为的非商

---

〔1〕 Pierre N. Leval, *Toward A Fair Use Standard*, 103 Harvard Law Review (1990). 转引自吴汉东:《著作权合理使用制度研究》,中国政法大学出版社 1996 年版,第 213 页。

〔2〕 当使用是有争议的或者以适当的形式所为的授权却无法达成合理的价格时,可以推知传统市场或常规市场的缺乏。当作品的授权已经为被告的使用做好了准备时,可以推知相关市场可能存在。

业努力不太可能会侵入权利人的市场。2012 年 12 月,美国大学附属机构和加州大学伯克利分校共同完成了《图书馆及档案馆对孤儿作品的正当使用的最优做法》,该报告认为"知识机构出于保护及使用目的使用孤儿作品与合理使用第四条相吻合,即该作品对市场的影响",因为"若无法找到著作权人,则该作品在当前市场上可能没有一席之地"。[1]

值得注意的是,在公共文化机构对孤儿作品的使用中,我们不能因为使用了作品的全部或者实质部分就认为该使用与作品的正常使用相冲突,而应该结合使用的目的和市场因素综合考量。图书馆和档案馆等公共文化机构可能会因为保存、研究、教育等贡献社会的目的复制孤儿作品,这往往要求对孤儿作品整体的再利用。考虑到使用作品的全部并不比使用作品的一部分更会损害一个不存在的市场,在进行合理使用分析时,数量和实质价值因素应该被客观地考虑。美国最高法院在 Campbell v. Acuff – Rose Music 案中指出允许使用的范围应该随着使用的性质和目的有所改变,对于正在被使用的作品而言,最突出的问题就是"使用的数量和目的是否有着合理的关联"。[2] 对一些使用作品的目的而言,复制全部作品是正当的,如设置搜索引擎、为学生的论文创建剽窃检测项目等,在这些情况下使用完整的作品对实现有利的目标是必要与合理的。对于图书馆和档案馆等机构实施的数字化项目而言,将数量因素和使用目的放在一起考量是非常重要的,图书馆和档案馆的数字化项目不可避免地会复制整部作品,这种对作品的使用是合理的,因为其有益于教育、学术、增加知识获取渠道以及其他对社会有利之目的的达成。研究人员如果不能完整地接触和阅

---

〔1〕 U. S. Copyright Office, *Orphan Works and Mass Digitization*: *A Report of the Register of Copyright*, AOL (Sept. 3, 2016), https//copyright. gov/orphan/reports/orphan – works 2015. pdf.

〔2〕 Campbell v. Acuff – Rose Music (92 – 1292), 510 U. S. 569 (1994).

读作品，会直接影响其学术论文的质量和精确性。例如，历史学家将历史事件进行比较；文学家分析、评论一部小说；科学家研究一项理论的发展历程等，为了有效地发现事实，得出结论，这些活动都要求对作品完整使用。[1] 此外，对于文本与数据发掘等新的研究方法，如非消耗性的、非表现性的或者非展览性的文献检索研究，利用复制品中的部分数据无法有效完成。与此类似的是，出于教育目的的使用通常要求使用作品的大部分或者全部以便让学习者通过作品获得直接经验，并在作品之间作出有意义的比较等。在 HathiTrust 案中，法官指出无论终端用户是否要求获得完整的作品，图书馆和档案馆都可能需要复制完整的作品以支持不同的终端用户的不同需求，无论是出于搜索还是为了满足终端用户的需要，复制作品的整体都是需要的。[2]

因此，对孤儿作品而言，由于缺乏许可授权的可能性，根本不存在可以产生替代品的功能市场，作品复制的数量与作品是否存在相关市场是不具有相关联系的。

第三步，没有不合理的损害著作权人的正当利益。这主要是考察公共文化机构对孤儿作品的使用是否可能引起著作权人的不合理损失。只要是限制或例外，都将不可避免地损害著作权人的合法利益，但是只要此种损害是在特殊情况下发生，且不与作品的正常使用相抵触，就可以认为此种损害是合理的。

本书认为，对作品孤儿状态的探寻以及对创作动机的考量，可以为判断公共文化机构对孤儿作品的使用是否不合理地损害著作权人的正当利益提供重要的线索。

---

[1] Jennifer M. Urban, *How Fair Use Can Help Solve The Orphan Works Problem*, 27 Berkeley Technology Law Journal 1379(2012).

[2] Authors Guild v. HathiTrust, 755 F. 3d 87 (2d Cir. 2014).

孤儿作品的特征能够帮助我们理解作者创作作品的可能动机。[1] 对于一开始就不是为了著作权的经济动机而创作的作品而言，著作权的经济动机也不会因为对作品的合理使用而受到伤害。作品的性质与合理使用存在着有机联系。对作品性质的讨论应当与著作权法的立法宗旨相一致，考虑作品是不是著作权法意在激励产生的作品、对作品的二次使用是否会对原创作者的权利产生显著的干扰、作品是否绝版以及在市场上能否获得等因素。在孤儿作品案件中，对作品性质的分析，可以帮助我们了解允许著作权人实现对其权利的全面控制和允许他人对孤儿作品的合理使用，何者更能促进著作权立法目的的实现，同时也可以使我们了解到被告对作品的使用是否可能侵入一个“传统的、合理的或者可能发展的”市场。孤儿作品的显著特征是无法找到权利人，不管消失的权利人是法人还是自然人，他们都明显不再和作品相联系，而且作品也有可能不再和其经济利益紧密联系。在理解作品性质因素的价值时，应重点考虑孤儿作品的两个关键属性：一是有可能被合理使用伤害的作品的市场参与是否存在；二是作品的创作动机或初衷是否源于著作权的经济动机。

在孤儿作品这一类特殊的例子中，作品是“孤儿的”这一事实——作品与权利人相分离并且无法在市场上获得——往往被认为是认定作品性质非常重要的方面。作品的孤儿状态表明作品不能在市场上获得，这导致其不能达成著作权法鼓励作品传播的目的。权利人的消失往往意味着该作品对权利人仅有着很低的，甚至没有商业价值。当使用者经过尽力查找还是无法联系到权利人时，该作品因为缺乏经济利益而被丢弃的可能性就很高了。在这一因素下考虑作品的孤儿状态与法院对在市场上无法取得的作品

[1] 尽管通过孤儿作品这一事实并不能充分得出这一作品是否基于著作权的经济动机而创作的结论。

的处理方式是类似的。在美国1976年《著作权法》草案的参议院报告中，美国国会认为当作品绝版或者通过正常渠道无法购买时，使用者更有理由去复制该作品。[1] 相同的推断也可用于孤儿作品，因为孤儿作品的这一特征与是否有可能侵害原创作者的权利有关，作品本身缺乏经济价值或者是权利人有意丢弃任其消亡，这种无法在市场上获得的因素将会支持合理使用。由于作品的孤儿状态表明权利人不太可能会将该作品向公众传播，因此，如果图书馆和档案馆可以通过合理使用将作品对公众开放，将会在不用破坏作品市场的情况下促进知识的进步。

此外，传统的著作权动机是否为孤儿作品的创作提供了原动力，即孤儿状态是否和作品创作的动机相关，这也是理解作品性质因素应当考虑的重要问题。尽管塞缪尔·约翰逊(Samuel Johnson)挖苦说，只有傻瓜才不是为钱而写作，但是，总有一些杰出人士，他们之所以写作、谱曲或者绘画，是因为由此带给他们的个人满足，而不是因为他们所获得的经济收入。需求很小的作品往往不需要著作权的动机去激励创作，也不需要著作权法提供合理期待的保护，故其创作动机并不会被合理使用伤害。例如，事实性作品被认为享有比虚构性作品更少的著作权保护。因此，未经许可使用事实性的作品相对于未经许可使用虚构性的作品而言，可能不会对作者基于著作权的经济动机造成影响。图书馆和档案馆中有大量的学术作品，这些作品是为了分享知识、发现真相、增加学术声誉和促进学术事业发展而创作的，并不是为了从著作权中获得利益。此外，还有些作品也不是为了商业利益或是为了获得著作权保护而创作的。例如，为纪念中国人民抗日战争胜利70周年，重庆市档案馆向新闻媒体提供了大量的抗战影像资料，这些珍

---

〔1〕 Jennifer M. Urban, *How Fair Use Can Help Solve the Orphan Works Problem*, 27 Berkeley Technology Law Journal 1379(2012).

贵的作品的创作者创作的初衷显然不是为了商业利益。美国国会图书馆的“美国记忆工程”[1]对孤儿作品进行了数字化保护并将大量的孤儿作品公开,其中包括公司培训文件、军事宣传资料、家庭电影、业余快照、广告文案、会议记录、信件、市场营销材料等,这些作品的私人价值虽然很低,但是具有较高的历史和社会价值,而这些作品的创作动机不太可能是为了通过著作权的保护获得经济利益。再如,美国的市民权利运动网站展示了 James Forman(美国学生非暴力协调委员会的领导者)的照片,在照片上,他正从南部监狱的隔间里向外看。这个摄影师的身份并不明确。据美国学生非暴力协调委员会的工作人员回忆,这个摄影师同样也是监狱中的一名囚犯,美国学生非暴力协调委员会的工作人员不允许在监狱中拍照,因此,他们给了这个囚犯一部照相机,该囚犯按照他们的要求拍下了这张照片。这张照片对于当时拍摄的囚犯来说并没有经济价值,甚至在漫长的几十年中那个拍摄者已经死亡或者已经忘记自己曾拍摄过这样一张照片,但这张照片却可以展示出美国南部监狱的风貌,是非常重要的历史资料。[2] 这样的例子在图书馆的馆藏中比比皆是。虽然不排除图书馆和档案馆馆藏中的有些孤儿作品是因商业动机而创作的,[3]但多数作品的创作并不源于著作权的经济动机,如上文提到的具有高度事实性而非虚构性的学术作品,其创作的动机可能只是为了获得学术声誉和促进知识进步。因此,公共文化机构对这种基于非商业的创作动机而

---

〔1〕 美国国会图书馆的“美国记忆工程”,是对书面的和口头的语言、声音记录、静态和动态的图像、报刊、地图和乐谱等记录美国历史的资料的数字化采集。

〔2〕 Jennifer M. Urban, *How Fair Use Can Help Solve the Orphan Works Problem*, 27 Berkeley Technology Law Journal 1379(2012).

〔3〕 在 HathiTrust 案中,法官指出,HathiTrust 数据图书馆中仅仅包含了大概 9% 的“散文、科幻小说、诗歌和戏剧”。参见 Authors Guild v. HathiTrust, 755 F. 3d 87 (2d Cir. 2014)。

创作的孤儿作品的使用,不会不合理地损害著作权人的正当利益。

通过以上对三步检验法的分析,本书认为,在面对孤儿作品使用的困局时,立法应当将图书馆和档案馆等公共文化机构出于非商业的、于社会有利的目的(包括保存、教育、传播知识、宗教或慈善、传统的研究形式或新的文本与数据挖掘等)对孤儿作品的数字化和公开化的使用纳入合理使用的范围。当孤儿作品被合理定义且使用的目的是正当的,图书馆和档案馆等公共机构使用孤儿作品的授权机制不仅不需要,而且代表了一种无效的社会资源的错误分配。对于非营利的图书馆和档案馆等公共文化机构的数字化而言,合理使用是将孤儿作品从馆藏中解放出来的有力工具。利用合理使用理论解决图书馆和档案馆等公共文化机构对孤儿作品的使用虽然不是一个完整的方案,但其有着不可替代的优势,在合理使用下,图书馆和档案馆等不需要对权利人可能不存在的作品支付使用费,更进一步说,不需要向著作权行政管理机关或著作权集体管理组织申请使用孤儿作品的许可证,社会也不需要额外投资以发展这种系统,这显著减少了管理和交易成本,同时,允许图书馆和档案馆等机构仅在履行其公共利益使命所必需的范围内将孤儿作品数字化并向公众提供,有利于促进著作权法支持知识传播和言论表达自由的重要目的。大规模数字化和在线发布的项目对文化及研究有重要价值,其对于公众和文化传播的利益显然大于给未知权利人可能造成的伤害。

当然,这种情形下的合理使用应当满足以下几个要件:

第一,为了使合理使用的分析能够适用于孤儿作品,必须合理定义孤儿作品。为了将孤儿作品与非孤儿作品区别开,对著作权人的寻找必须是有效率的。例如,图书馆可将检索过程中所查询以及检索的痕迹进行收集和记录,并存入作品共享链,以作为尽力查找的证据。[1] 图书馆和档案馆等应通过对权利人的寻找展示其良好的信用，这可以帮助确认权利人确实无法联系并且不太可能受到使用的伤害。

第二，图书馆和档案馆等机构在将既存的孤儿作品数字化并进行公开后，应设置一定的时间允许作品“退出”孤儿作品的范围，这样可以避免损害实际上可以找到的、非故意消失的著作权人的利益。

第三，图书馆和档案馆等机构必须证明其对作品的使用是在没有任何直接或者间接商业利益之目的的情况下进行的。需要指出的是，公共文化机构将孤儿作品用于教育、宗教或慈善的目的可能会间接涉及商业用途或可能会产生少量商业收入，但只要是出于非营利的教育、宗教或慈善目的，就符合非营利的性质。公共文化机构若收到重现的著作权人的通知，并在进行诚信调查的基础上立刻停止使用的，则可以免除对其过去使用的孤儿作品的赔偿。

第四，图书馆和档案馆等机构提供了馆藏作品的电子版本时，可以限制实体版本的流通，这可以避免在市场因素下的替代效应。仅仅对图书馆和档案馆等机构的客户提供，或者对更广范围的研究群体提供，必须是出于对社会有益的目的。对于向公众广泛开放的、公众可以自由查看的网上图书馆和档案馆等，应限制用户出于非商业的教育目的或者其他合理使用目的使用孤儿作品的类型。

本章小结

减轻公共文化机构尽职调查的负担和许可证费用，将重新调

---

[1] 赵力、刘红卫等：《区块链技术下〈公共图书馆法〉的实施研究》，载《图书馆学研究》2020 年第 9 期。

整公共文化机构的使命，使之与数字领域中可能存在的任务相一致，即在全球范围内对馆藏的孤儿作品进行大规模数字化，从而允许并促进创意产业中不同类型作品的再利用及研究。

将公共文化机构出于非商业的、于社会有利的目的从其馆藏中挖掘并在线提供孤儿作品（包括未发表的孤儿作品）纳入合理使用的范畴，不仅是为了保障公共文化机构能够享受到技术发展带来的便利，满足其履行保存和传播知识使命的需要，更是为了使社会公众能够广泛获得和利用孤儿作品，以充分发挥著作权法的重要目标——鼓励文化传播以及支持言论表达自由。为了使合理使用规则能够适用于公共文化机构馆藏的孤儿作品的数字化当中，必须合理界定孤儿作品，保证程序上的确定性，以防作品被滥用；公共文化机构在将馆藏的孤儿作品数字化并公开提供后，应设置一定的时间允许作品“退出”孤儿作品的范围。若收到重现的著作权人的通知，并在进行诚信调查的基础上立刻停止使用的，则可以免除对其过去使用的孤儿作品的赔偿。

第七章　我国孤儿作品使用制度的路径选择和制度构建

出于公众利益让浩如烟海的被遗忘作品重新面世，对于发展创意、促进学习具有重要意义。但某些原因却往往剥夺公众享受此类使用带来的益处。世界各国逐渐意识到，权利清偿中遇到的阻碍对正常运行的21世纪的著作权制度而言是十分有害的。正如美国某纪录片导演代表对美国国会所说的那样，“孤儿作品问题可能是创作新作品过程中遇到的最大的阻碍”。[1]

一、我国孤儿作品保护现状

孤儿作品问题是否需要立法，或者现有的法律原则是否足以解决这一问题，学界仍有不同的意见。著作权人、使用者、立法者、专家、从业者和非专业人士都可以推测孤儿作品立法的积极和消极结果，但没有人知道它会产生什么影响。但不容否认的是，任何孤儿作品立法的颁布都将是21世纪对20世纪著作权法的补充。孤儿作品使用制度的实质是弥补市场失灵。从这个角度来看，孤儿作品使用制度是对著作权市场的替代，即通过构建一个政府管制下的拟制市场消除市场失灵导致的权利流转障碍。我国现行立法尚缺乏对孤儿作品进行有效使用的相关规定，而事实上，该问题

---

〔1〕 U. S. Copyright Office, *Orphan Works and Mass Digitization*: *A Report of the Register of Copyright*, AOL (Sept. 3, 2016), https//copyright. gov/orphan/reports/orphan – works 2015. pdf.

涉及面广泛、权利义务关系复杂,需要通过立法加以调整。

概观各国家及地区解决孤儿作品使用困境的思路大致有四类:(1)以既存的现行法律制度予以解决。著作权法中的一般性制度,如思想表达二分法、著作权的限制与例外等虽然不是以解决著作权人身份或所在地不明等有关情况为目的的制度,但其所包含的无须许可而使用作品的制度特征,都可能为解决孤儿作品问题提供有效的策略。(2)不涉及新法律的基础整理。即在不需要修订法律的情况下,著作权行政管理机构应扩充权利人相关信息的提供功能,如构建包含公有领域作品清单的数据库,提供统一的作品信息等。(3)限制权利行使的法律措施。立法技术上,存在以限制著作权、强制许可和使用者的调查活动为要件的几种对权利救济的限制。由于司法机关对合理使用所进行的事后判断缺乏预测可能性,因此,理论界更倾向于采纳以使用者进行了尽力查找作为对权利救济的限制方法,在使用者进行了尽力查找但仍无法找到著作权人的情况下,即使日后著作权人出现并对侵害行为提起诉讼,使用者得以享受对该救济手段进行的限制。(4)根本性制度的修订。有观点认为,要彻底解决孤儿作品问题,应对著作权根本性制度进行修订,如规定孤儿作品应该处于公有领域、在著作权的取得上应该引入登记或更新制度、应该大幅缩短著作权保护期限等,但这些激进的观点明显与已确立的国际规范相抵触,并不可取。[1]

我国学者围绕以上四种思路,对具体选择孤儿作品的哪种使用模式展开了激烈的讨论。现有研究成果中关于孤儿作品使用模式问题的探讨已较为深入,有助于分析和比较不同模式的利弊,对于合理设计我国孤儿作品的使用模式具有重要意义。但是,国内

---

〔1〕 菱沼刚:《围绕孤儿作品问题的讨论》,载[日]田村善之:《日本现代知识产权法理论》,李扬等译,法律出版社 2010 年版,第 210 页。

相关研究对孤儿作品触及的各种利益关系以及孤儿作品的使用原则与标准没有进行深入的分析与论证,对因孤儿作品的使用而衍生的诸多法律问题的讨论浅尝辄止,对具体制度的路径设计与调适缺乏有效、深入的探讨,苍白的理论基础难以为立法提供科学的正当性前提。国外学者或立法在确定模式下侧重于探索孤儿作品使用制度的具体设计,由此形成的各种观点碰撞,为本书更加深刻地认识孤儿作品问题、确定研究边界、聚焦研究重点提供了宝贵的经验。但是,国内学者在进行比较法的考察中未将我国著作权产业形态及其发展阶段作为设计孤儿作品使用制度的考量要素,在相当程度上还停留在译述和引介的阶段,欠缺全面客观地梳理与评析,忽视各国采取不同制度的根本原因及其背景等理论问题的研究,盲目将他国现行著作权法有关孤儿作品的规定作为我国的立法参照,缺乏相应的国情考量和理论储备,这种脱离本国著作权产业实际的制度设计,难以为我们提供可供参考的制度价值范本。

我国现行《著作权法实施条例》为了解决作者身份不明的作品的利用问题,对此类作品的权利归属作出了规定。根据我国《著作权法实施条例》第 13 条的规定,使用者经作品原件所有人的授权,就可以合法地使用作者身份不明的作品。[1] 这一模式的优点在于无须额外创设机构与相应制度对作者身份不明的作品进行管理,但是,其缺陷也是很明显的:首先,该条款并没有进一步规定原件所有人代为行使权利所必需的程序和条件,这直接导致该规定在司法实践中难以实施。其次,数字技术的发展产生了大量

〔1〕 采取"第三人代为行使权利"模式的还有日本等国,如日本《著作权法》第 118 条规定:"不具名或假名著作物的发行人,为了该著作物的著作人或著作权所有者,可用自己的姓名提出第 112 条、第 115 条或第 116 条第 1 款规定的请求,或提出与侵犯该著作物的著作人格权或著作权有关的损害赔偿的请求,并可请求偿还非法所得。但是,众所周知著作人的假名为何人和已有第 75 条第 1 款的真名登记时,不在此限。"

的网络作品，这一类作品适用《著作权法实施条例》第 13 条最大的问题是，复印、扫描设备以及计算机在不断降低制作与存储复制件的成本的同时，也使得作品的原件和复印件几乎没有任何差别。比如，我们无法区分用电脑办公软件创作出的作品的原件和复印件，我们也无法知道用数码相机拍摄的摄影作品的原件和复印件究竟有什么区别。因此，用原件来判断著作权的权利归属可能会带来一些便捷，但其也有可能引起更大的混乱和不公。再次，要在实践中查找原件所有人并非易事。最后，《著作权法实施条例》第 13 条的规定在适用范围上是有漏洞的，该条款只解决了“作者身份不明”而产生的孤儿作品的问题，而忽略了“作者身份明确但无法联系”这一更为常见的情况。

2012 年《著作权法》（修改草案）第一稿、第二稿、第三稿，以及 2014 年《著作权法》（修订草案送审稿）都增加了关于孤儿作品保护的规定，但 2020 年《著作权法》将孤儿作品条款剔除。针对孤儿作品这一立法尝试的内在逻辑值得探讨，以便后续立法时参考。〔1〕 由于缺乏产业基础和理论储备，这些修订草案中的孤儿作品条款被频繁调整。主要表现在以下几个方面：

1. 关于孤儿作品使用方式、适用范围和孤儿作品类型的调整。《著作权法》（修改草案）第一稿和第二稿没有对使用者使用孤儿作品的方式作出限制，〔2〕也就是说，使用者可以以任意方式使用该作品。这表明当时国家版权局对孤儿作品的使用是抱着比较开

〔1〕 马治国、赵龙：《价值冲突：公共领域理论的式微与著作权扩张保护的限度》，载《山东社会科学》2020 年第 10 期。

〔2〕 《著作权法》（修改草案第一稿）第 25 条规定：“下列著作权的保护期尚未届满的作品，使用者可以向国务院著作权行政管理部门申请提存使用费后使用作品：（一）作者身份不明且作品原件的所有人经尽力查找无果的；（二）作者身份确定但经尽力查找无果的。前款具体事项，由国务院著作权行政管理部门另行规定。”

放的态度的。第三稿及送审稿对相关法条进行了修改,[1]有以下三点变化:

(1)第三稿和送审稿加入了对孤儿作品使用方式的限制,即仅限于对孤儿作品的数字化使用。事实上,数字化只是复制的一种方式,我国《著作权法》修改草案规定的孤儿作品使用方式,是否仅限于数字化形式的复制?对孤儿作品的其他使用形式,如发行、展览、表演、演绎、网络传播等使用形式,是否就不适用孤儿作品条款?对此,在立法上需要进一步明确。如果仅限于数字化形式的复制,则表明国家版权局对新制度的引入持相当谨慎的态度,目前的立场是暂时不完全开放对孤儿作品的使用。但是,笔者认为,解决孤儿作品的问题,实质就是加强对孤儿作品的利用,使孤儿作品的社会效益和经济效益充分发挥出来。数字化只是使用孤儿作品的首要步骤,而将作品提供给公众,并因此获得收益才是大多数使用者使用孤儿作品的最终目的。因此,不限制使用者对孤儿作品的使用方式是恰当的。当然,对孤儿作品使用的开放程度,或者说对著作权人权利的限制程度一定要和一个国家的实际情况相适应,不限制孤儿作品的使用方式需要完善的配套法规,使用许可必须设定完备的程序性条款,这一方面是为了保护著作权人的合法权利,另一方面则是为了防止恶意使用者以找不到权利人为借口随意使用孤儿作品。

(2)对适用作品的范围进行了限制,即仅限于已发表的作品。这可能是立法者考虑到将孤儿作品的适用范围限制在已发表的作

---

[1] 《著作权法》(修改草案第三稿)第26条规定:"著作权保护期未届满的已发表作品,使用者尽力查找其权利人无果,符合下列条件之一的,可以在向国务院著作权行政管理部门指定的机构申请并提存使用费后以数字化形式使用:(一)作者以及作品原件所有人均身份不明的;(二)作者身份不明,作品原件所有人身份确定但无法联系的;(三)作者身份确定但无法联系的。前款具体实施办法,由国务院著作权行政管理部门另行规定。"

品当中可以避免与发表权产生冲突。

(3)第三稿将孤儿作品的类型细化为三种类型,[1]从立法技术上讲,这种对孤儿作品的分类并不严谨。上文提到,在数字环境中,对作品的原件与复制件很难作出精准的区分,故在孤儿作品条款中区分身份不明的作者和作品原件所有人这两类权利主体,容易使问题复杂化,因为根据现行法的规定,由作品原件所有人代为行使权利的前提仍然是无法确定作者身份,如果使用者欲对作者身份不明的作品进行使用,就必须同时查找作者及作品原件所有人的下落,这样会额外加重使用者的负担,不利于孤儿作品的有效利用。因此,2014 年《著作权法》(修订草案送审稿)对此作出了修改,明确了适用孤儿作品条款的作品为著作权人身份不明的作品以及著作权人身份明确但无法联系的作品,这与国际社会所界定的孤儿作品概念是一致的。

2. 关于孤儿作品条款体系结构的调整。在《著作权法》(修改草案)第一稿、第二稿和第三稿中,关于"孤儿作品"的法条一直放在"权利的归属"一章中,在送审稿中,相关法条被移到了"权利的限制"这一章,这表明国家版权局对孤儿作品问题的实质有了更加深刻的认识。我国现行《著作权法》并没有对孤儿作品作出特别的规定,但其涉及权利归属的法条在一定程度上可以帮助解决孤儿作品的问题,这一点可能误导了立法思路,使得在修正案中将"孤儿作品"的相关规定放入了"权利的归属"一章。事实上,解决孤儿作品问题的实质不是确定该作品的权利归属,而是如何加强对作品的使用,使作品的价值发挥出来,而这一点正如前文所述,是和著作权法的立法目的和宗旨相一致的。而且,当使用者在尽力寻找权利人无果时,可以不经过权利人的许可而对作品进行使

[1] 即作者以及作品原件所有人均身份不明的;作者身份不明,作品原件所有人身份确定但无法联系的;作者身份确定但无法联系的。

用,这一点毫无疑问剥夺了权利人协商作品使用价格和使用方式的权利,因此,将孤儿作品的相关条款放在“权利的限制”这一章是合理的。

从上述梳理可知,孤儿作品条款在修法过程中的调整,反映出我国孤儿作品使用制度构建的复杂性,同时也说明我国立法者对新设孤儿作品使用制度存在理论储备上的不足,缺乏对孤儿作品使用制度价值的清晰认知。这也是2020年《著作权法》没有新增孤儿作品条款的主要原因。本书认为,为解决我国孤儿作品使用面临的制度缺失和立法困境,一方面,需要梳理该制度价值指引下他国立法与产业发展之间的关系,获知他国孤儿作品制度的整体绩效评价,为我国著作权法的修订提供制度经验;另一方面,应当结合我国著作权产业发展的特征考量孤儿作品使用制度的科学适用范围,以激励产业发展为目标探析孤儿作品使用制度设立的依据,从整体上考察孤儿作品使用制度的适用绩效,为解决数字时代孤儿作品的使用寻求稳定的合理性基础,并根据使用作品的行为人的性质、使用的作品数量以及作品的使用类型选择最终符合我国现阶段立法实际的解决办法。

二、我国孤儿作品使用模式选择

在孤儿作品问题解决方案的学术讨论中,我国学者对该问题所进行的研究都是在探寻什么样的制度安排更高效,更适合我国国情。有学者主张,将孤儿作品的使用纳入法定许可的范围,著作权人重现后,由代收作品使用费的著作权集体管理组织转交著作权人。[1] 有学者认为,对于孤儿作品,应参照欧盟协会代表授权

〔1〕 袁泽清:《论孤儿作品的利用与保护》,载《西南民族大学学报(人文社科版)》2008年第2期。

模式,由著作权集体管理组织进行授权。[1] 我国《著作权法》(修订草案送审稿)规定的孤儿作品条款采用了强制许可模式,有学者认为,批准程序容易增加管理成本,导致孤儿作品利用效率低下。但行政机关的介入和对提存使用费的要求有利于避免随意使用他人作品的行为。[2]

任何法律制度都为实现一定的立法目标而存在。因此,立法目标不同,制度安排必然相异。面对孤儿作品的使用困局,我国应在充分考察域外可供移植的模式后参照我国具体制度的发展历史和制度结构形态,在综合考察我国实践经验和著作权法立法导向的基础上对孤儿作品使用制度加以选择和设计。

(一)不宜采取的孤儿作品使用模式

1. 法定许可模式

法定许可模式是欧盟《孤儿作品指令》采取的孤儿作品利用模式。[3] 该模式降低了公共文化机构使用孤儿作品的成本,更多地体现了区域文化整体发展的政策因素。尽管欧盟《孤儿作品指令》的适用范围具有局限性,其仅针对图书馆等特殊主体对孤儿作品的数字化和网络传播建立了法定许可模式,对于一般主体使用孤儿作品的问题并无指导意义,不能覆盖所有的利益相关者,但是,这一通过法定许可制度解决孤儿作品问题的思路得到了我国一些学者的认同。[4]

笔者认为,法定许可模式不能适用于解决我国孤儿作品问题。

---

〔1〕 金泳锋、彭婧:《孤儿作品保护大陆与香港之比较研究》,载《电子知识产权》2011 年第 3 期。

〔2〕 王迁:《"孤儿作品"制度设计简论》,载《中国版权》2013 年第 1 期。

〔3〕 欧盟《孤儿作品指令》第 6 条第 5 款规定:"公共图书馆和档案馆可先使用孤儿作品,在著作权人提出终止孤儿作品资格后,向著作权人支付报酬。"

〔4〕 王本欣、樊雁:《图书馆孤儿作品数字化著作权问题的解决方案——以欧美孤儿作品立法进程为视角》,载《图书馆建设》2014 年第 4 期。

尽管欧盟模式可以在一定程度上促进孤儿作品的使用,但却不能成为一种较为广泛的解决方式。首先,对孤儿作品的使用,不符合法定许可制度的立法价值。作为一项权利限制制度,著作权法定许可立法是为了弥补私人自治不足和调和产业矛盾,其一直被视为调和传播技术发展初期产业利益分配分歧的临时性工具。[1]如果将法定许可作为一种调和产业矛盾的工具,仅在特定产业环境下作为例外适用,则法定许可不可能在所有作品类型上都具有正当性基础,也不存在针对所有作品进行利用的法定许可。孤儿作品涉及所有的作品类型,且对孤儿作品的使用也不限于特定的方式,因此,针对网络环境下海量孤儿作品授权的许可机制立法,应采取谨慎的态度,故本书并不主张在孤儿作品领域推行法定许可。

其次,法定许可程序不能适用于孤儿作品。我国著作权法所设计的法定许可制度,缺乏具体的程序性条款,直接导致"从著作权法定许可制度二十年的实践来看,基本没有使用者履行付酬义务,也很少发生使用者因为未履行付酬义务而承担法律责任,权利人的权利未得到切实保障,法律规定形同虚设"。[2] 本书认为,法定许可制度不能适用于孤儿作品的许可使用。一方面,因使用孤儿作品而支付的报酬,应当如何处理与使用是需要考量的因素;[3]另一方面,由于孤儿作品合法使用的前提条件是使用者对权利人进行了"尽力查找",而"尽力查找"是主观性很强的概念,什么程度的寻找是合理的?如果对此规定一个过低的标准,就很有可能被使用者滥用。这除了需要法律给出合理的解释外,还必

[1] 熊琦:《著作权法定许可制度溯源与移植反思》,载《法学》2015 年第 5 期。

[2] 参见国家版权局《关于〈中华人民共和国著作权法〉(修改草案)的简要说明》(2012 年 3 月)具体内容。

[3] 张润、李劲松:《利益平衡视角下人工编创使用行为的法律定性与保护路径研究》,载《出版发行研究》2020 年第 11 期。

须由专门机构予以审核，在满足“尽力查找”条件后，使用者才能获得对孤儿作品使用的许可。而单纯的申请备案程序显然无法达到此要求。

基于以上分析，笔者认为，法定许可模式不能适用于解决我国孤儿作品的使用问题。

2. 集体管理组织延伸性授权模式

集体管理组织延伸性授权模式是在丹麦、瑞士、匈牙利等北欧国家备受青睐的关于孤儿作品使用的解决方法。在延伸性集体许可制度之下，集体管理组织应被允许向著作权行政管理机构申请许可，以代表组织的成员及非成员就特定的作品使用方式开展延伸性集体许可。立法决定何种作品及使用可以得到许可，并为参与其中的集体管理组织设立资格要求及监管要求，及时为著作权人分发版税。这种模式的优点在于集体管理组织的代表性授权行为可以将通常情况下繁杂的授权许可问题予以统一解决，有利于破解使用者无法以合理成本获得海量作品授权的困境。单一自愿模式在服务于大规模定制项目[1]时存在较大的局限。对使用者而言，找到大量著作权人的所在地，并与其就个人许可进行谈判会增加直接许可的成本。当数字作品的著作权具有较大不确定性或有争议时，费用则会更大。延伸性集体许可模式不会产生昂贵的交易费用，但其退出机制可能会让许多集体组织无法对所有涉及大规模定制的作品进行许可。延伸性集体许可与强制许可不同，

---

〔1〕 指代规模较大的数字复制，其规模之大，使得个人版权清理成为无法完成的任务。大规模数字化这一概念，并非某种作品，目的或使用就能定义的。大规模定制常常与图书馆项目联系在一起，如对馆藏进行数字化，以促进作品保护及公开。多数情况下，大规模数字化不仅仅是建立数字图书馆，大规模数字化项目中的法律问题都与网络经济中的其他活动有着相同的特点，如系统提取及多个数据库内容再利用（以进行价格比较），或收集数字信息集成网络等。同样，使用学生的学术论文及法律文件等商业数据库的文件的行为也可以称为大规模定制，因为其涉及数字复制及大规模的作品。

因为其中制定版税及使用期限的是私人机构而非政府。

欧盟之所以拒绝使用延伸性集体许可，是因为根据欧盟版权法，复制和传播的权利在被利用之前需要事先取得著作权人的明确同意。“同意”构成“著作权人的基本特权”，著作权人对其作品的复制或向公众传播的明示和事先同意，不能以默示同意或推定转让而取代，著作权人必须在规定时限内并根据国内法规定的条件反对这种转让，从而消除或限制这种同意。[1] 延伸性集体许可模式不需要作者明确的事先同意，也不要求使用者在使用孤儿作品前进行尽职调查，故无法对作品的孤儿现状作出肯定判断。因此，在该许可保护之下，孤儿作品在被使用时可能并不被当作孤儿作品，延伸性集体许可并未允许孤儿作品在欧洲共同市场中相互认可。欧盟对延伸性集体许可表示拒绝，还因为确定许可费率时遇到了一些困难，并且使用大量孤儿作品的图书馆将不得不为一些无确定市值的作品付出大量金钱。值得一提的是，尽管欧盟并未同意将延伸性集体许可模式作为解决孤儿作品问题的立法议案，但其赞同将集体许可作为全面解决孤儿作品问题的重要方面。2011 年，欧洲委员会协助民间组织对谅解备忘录进行了探讨，以鼓励对非商业书籍及刊物进行自发集体许可。谅解备忘录将非商业书籍定义为不再具有商业性的书籍，因为作者及出版商选择不再通过商业渠道发行新版本或出售复制版本。谅解备忘录中提到了几个原则，要求图书馆、出版商、作者及收费协会遵守，以对此类书籍的数字化进行许可，或让读者及使用者能够使用此类非商业书籍。欧洲委员会将谅解备忘录视为《孤儿作品指令》的补充，以促进欧洲数字图书馆发展。

适用延伸性集体许可制度解决大规模定制问题将是未来发展

---

〔1〕 Case C – 301/15 – Marc Soulier, Sara Doke. v Ministre de la Culture et de la Communication.

的趋势。延伸性集体管理的正当理由是能够减少因将某一特定类型的作品的权利管理归属于单一实体而产生的交易成本。法国、德国及英国近年来都通过了延伸性集体许可制度，允许出于某种目的对著作权作品数字化。这表明延伸性集体许可作为处理大规模定制问题的途径，在国际上的认可度越来越高。但是，本书认为，在我国现阶段不能适用延伸性集体许可制度解决孤儿作品的使用问题。原因有以下几点：

第一，延伸性集体管理应局限于特定领域，而我国《著作权法》（修改草案第一稿）第 60 条规定的延伸性集体管理管理范围比北欧模式要宽泛得多，[1]这是该条款引起很大争议并最终未被新法采纳的原因之一。[2] 北欧传统的延伸性集体许可有一些限制，其适用范围仅限于有限的作品与使用，如出于教育及科学目的的使用或限于非流通作品的使用。[3] 将延伸性集体许可制度的适用范围限于非流通作品中，主要是为了避免与数字许可市场中

---

〔1〕《著作权法》（修改草案第一稿）第 60 条规定了延伸性集体管理方案："著作权集体管理组织取得权利人授权并能在全国范围代表权利人利益的，可以向国务院著作权行政管理部门申请代表全体权利人行使著作权或者相关权，权利人书面声明不得集体管理的除外。"

〔2〕例如，一些知名音乐人和音乐公司宣布，如果该延伸集体管理方案最后保留在通过的法律中，他们将集体退出中国音乐著作权协会。鉴于音乐人、音乐公司和媒体的各种压力，中国音乐著作权协会及时改变了自己最初的立场，支持从《著作权法》修改草案中删除有关延伸集体管理的规定。

〔3〕延伸集体管理的适用范围一般非常有限，包括：（1）广播电视的有线或卫星转播；（2）公共电台电视台使用发表的作品；（3）为教学、科研或内部目的对作品的少量复制；（4）图书馆、档案馆和博物馆版本保存需要；（5）为视觉和听觉障碍者提供的复制；（6）对公共场所摆放美术作品的复制。由此可见，传统延伸集体管理的范围，实际上就是《伯尔尼公约》和其他国际条约所允许法定许可的范围，也就是少数交易成本过高且著作权人难以单独向用户进行有效授权的领域。参见刘家瑞：《论著作权法修改的市场经济导向——兼论集体管理、法定许可与孤儿作品》，载《知识产权》2016 年第 5 期。

现有的商业作品混淆。[1] 因此,延伸性集体管理的适用范围应受到限制,否则会损害商业作品著作权人的权益。但是,将延伸性集体许可制度的覆盖范围限制为孤儿作品,则会削弱孤儿作品使用制度原本的目的——提升电子资源的研究及教育价值,并且,此类限制还会对该制度的效率产生影响,因为该制度要求使用者或集体管理组织判断作品的商业状态,并将商业作品排除在外。

第二,延伸性集体许可制度能够发挥效用的前提是利益相关者的自愿参与,确保任何法律都是在公开透明的方式之下制定,且能够为所有利益相关者带来同等益处。我国缺少延伸性集体许可制度的相关经验,且现有的集体管理组织无法达到许可管理的规模上的要求。延伸性集体许可制度要求著作权行政管理部门对集体管理组织进行许可及监管。寻求延伸性集体许可的集体管理组织应向著作权行政管理部门上交申请,证明其在相关领域的代表性、其成员的赞同、其组织较高的透明性、责任性及其对组织的良好管理。也就是说,集体管理组织能够在相关领域起到很好的代表作用时,才能授予延伸性集体许可。集体管理组织必须展示出"其得到的来自著作权人的授权数量占所有授权数量的百分比;及其掌握的作品数量与所有作品数量的百分比"。对此,英国知识产权局解释道,该测试"应更加灵活一些",因为"非成员数量不确定时,是无法计算百分比的"。除此之外,集体管理组织还应展示出其通过使用透明方法,找出著作权人总数量所做的努力。同意义务也提出了一个"模糊的高起点",要求集体管理组织"展示出大多数成员都对延伸性集体许可申请表示同意"。为确保人人知情,集体管理组织应为"延伸性集体许可申请如何告知,何时告

---

〔1〕 非流通作品的传播有着特殊的市场阻碍,而重新发行非商业性作品由于对社会有益,应当受到鼓励。但是在实践中,由于著作权人已经停止商业使用,故使用者往往无法得到许可,而延伸性集体管理是促进绝版作品数字化的较好方式。

知申请者,组织对延伸性集体许可申请的描述及投票方式”提供细节。[1] 此外,作为许可认证的额外前提,集体管理组织应当展示其坚持透明性,责任及优秀管理准则。该制度要求集体管理组织出具关于管理集体许可的经验的相关证明、其董事会及管理人员构成、责任及分配政策以及保护非组织成员的著作权人利益的议案。[2]

由于集体管理组织基础设施在我国尚不健全,让我国的集体管理组织给出此种标准的代表信息并非易事。欧洲的集体管理组织历史悠久,可以代表并向数千位著作权人支付费用。我国现有集体管理组织的代表性,与北欧传统模式所要求的还相去甚远。[3]

第三,延伸性集体管理必须设计完备的事前告知义务和简明清晰的退出机制,以确保退出机制简单明了,成本最低,且不会成为著作权人的负担。集体管理组织应在特定时间内对退出声明作出处理,在许可开始之前为著作权人提供退出渠道,若延伸性集体许可已经发出后著作权人选择退出,在合理的时间范围内也可以中止该许可。而孤儿作品往往是权利人不明确或者无法联系的作

---

[1] U. S. Copyright Office, *Orphan Works and Mass Digitization*: *A Report of the Register of Copyright*, AOL (Sept. 3, 2016), https//copyright. gov/orphan/reports/orphan – works 2015. pdf.

[2] U. S. Copyright Office, *Orphan Works and Mass Digitization*: *A Report of the Register of Copyright*, AOL (Sept. 3, 2016), https//copyright. gov/orphan/reports/orphan – works 2015. pdf.

[3] 以《著作权法》(修改草案)出台的 2012 年为例,我国最早的和最大的集体管理组织中国音乐著作权协会,约有 6500 名成员(到 2015 年上升到 7000 多名),其成员数量为美国音乐集体管理组织 BMI(65,000 名成员)、ASCAP(52,500 名成员)以及德国 GEMA(65,000 名成员)的 1/10 左右,与英国 PRSmusic(100,000 名成员)或瑞典 STIM(75,000 名成员)相比就更微不足道。参见刘家瑞:《论著作权法修改的市场经济导向 ——兼论集体管理、法定许可与孤儿作品》,载《知识产权》2016 年第 5 期。

品，无人可以接受许可费或选择退出集体管理组织。因此，对孤儿作品著作权人而言，所谓的退出机制形同虚设，实际上在处理孤儿作品的问题上根本无法得到真正的实现。[1]

第四，集体管理组织应对作为被收费者的非成员进行尽职调查，而尽职调查义务可能会与集体管理组织的利益产生冲突，集体管理组织可能会把无处安放的资金自用，对非成员进行一个不太彻底的调查。要寻找"丢失的"或"绝版"作品的著作权人存在相当困难。集体管理组织通常没有找到所有非会员作者的义务，也缺乏寻找非会员作者的内在动力。[2] 对无法确认著作权人的孤儿作品而言，许可费是很难发放到著作权人手里的，并且，在著作权期限届满后，这部分许可费应该如何处理？因此，此种做法会使得该制度成为收取费用的工具，最终会演变成一个用于收费但费用却无处可去的制度。因此，笔者认为，基于我国著作权集体管理组织现行立法和实践，不应在孤儿作品领域引入延伸性集体管理制度。

---

〔1〕其原因在于，草案第一稿第70条还同时规定了一项免责条款，完全抵消了作者退出延伸集体管理的基本经济动力："使用者依照与著作权集体管理组织签订的合同或法律规定向著作权集体管理组织支付报酬的，对权利人就同一权利和同一使用方式提起诉讼，不承担赔偿责任，但应当停止使用，并按照相应的集体管理使用费标准支付报酬。"试图退出延伸集体管理的作者，一般都相信自己能更有效地协商著作权许可，或者为使用者提供更高附加值的服务，从而更好地管理作品并获得更多许可费。但该免责条款实质上为作者可能获得的许可费封了顶，即使作者退出延伸集体管理，其所得到的侵权赔偿也不可能超过集体管理使用费。在这种情况下，没有使用者会向作者支付超过集体管理使用费的许可费。故《著作权法》修改草案中的延伸集体管理虽然含有选择退出条款，但该条款对于作者没有太大的实际意义。参见刘家瑞：《论著作权法修改的市场经济导向——兼论集体管理、法定许可与孤儿作品》，载《知识产权》2016年第5期。

〔2〕许多国家规定，如果集体管理组织收取的版权使用费无法全部找到具体权利人，它可将剩余费用留存一段时间，然后在现有会员中分配或用来抵消集体管理的成本。这就意味着怠于寻找非会员的集体管理组织，却往往可以从延伸集体管理中获得好处。

3. 责任限制模式

美国是责任限制模式的代表，先后提出了《2006 年孤儿作品法案》议案和《2008 年孤儿作品法案》议案，这两部法案由于各种原因到现在仍未通过，但其为解决孤儿作品的问题提出了较完整的解决方案。这两部法案都认为对孤儿作品的使用是侵权行为，只是当侵权人在事先对权利人进行了勤勉的寻找而且办理了相关手续时，权利人的救济才是有限度的，其不同于常规的著作权侵权案件。当权利人在侵权人使用作品之后出现时，只能获得合理赔偿和禁令救济。在损害赔偿方面，权利人只能要求获得合理赔偿，而且，若侵权人为非营利性教育机构、博物馆、图书馆、资料室或公共广播等出于教育、宗教或慈善目的对孤儿作品进行侵权使用，在其即刻停止侵权使用后不对其要求侵权赔偿。

在对孤儿作品侵权发出禁令救济之前，应确定该禁令是否会对侵权者造成侵害，若孤儿作品与"重要原创性表达"之间结合成为一个全新的作品，法院不能阻止侵权人继续使用该新作品，当然，侵权人应该给予权利人合理的补偿，并尊重权利人的署名权。但如果使用者没有履行勤勉查找的义务，则要承担支付惩罚性赔偿金的后果。如果将孤儿作品进行了歪曲、篡改，法院可以发出禁令救济，因其对著作权人的名誉造成了损害，无法以他种方式补偿。

这种模式限制了侵权人的侵权责任，可以免除他们对高额赔偿费用的担心。对于权利人而言，他们随后复出可以获得合理补偿，这也消除了他们的后顾之忧，不会打击权利人创作的积极性，著作权法对新作品的产生依旧有着激励作用。更重要的是，勤勉寻找的抗辩事由可以保证侵权人努力寻找权利人，重视确认权利人的身份信息，从而在一定程度上减少孤儿作品。也有著作权人批评有限责任解决方案，理由是它们将鼓励孤儿作品的免版税使用，表面上转移了非孤儿作品的潜在许可销售，从而降低了其价值。然而,这种观点忽略了一个重要因素:孤儿作品在任何情况下都有可能失去著作权,缺乏所有权信息往往与缺乏出版或创作日期信息相伴而生。人为抬高孤儿作品的价格,以保护非孤儿作品的价值,无非用一种形式的市场失灵取代另一种形式的市场失灵。另外,孤儿作品的合理使用或法定许可制度在使用者和使用范围上表现出了明显的局限。责任限制模式可以满足以商业及非商业目的使用孤儿作品的需求,并且可以为有特定需求的使用者提供法律确定性。

但是,从经济学角度来看,当使用者认为其能够比著作权人更有效地使用其作品时,效率就要求使用者去与著作权人谈判,而不是直接拿了著作权人的作品使用,再由法院来决定他应当为此而支付的损害赔偿金,这是一种低效率的资源分配方式。在限制责任模式下,使用者无须与孤儿作品的著作权人进行谈判,只需在事后支付损害赔偿金。根据这种方法所产生的交易成本相对于潜在收益仍将很高。由于使用者对其使用的作品是否为孤儿作品在使用时是很难预测且不甚明确的,因此一旦发生侵权诉讼,案件就会在法院间循环,因为不同法院对该作品是否为孤儿作品可能作出不同的判决,从而直接影响该作品在市场中的使用,并且在使用者人数众多的情况下,将产生较高的补偿费安排成本以及大量的法律诉讼程序。

此外,这一模式的实施须以多数使用者会自觉尽到合理查找义务为前提,并以惩罚性赔偿为后盾。根据我国的立法现状和国情,并不适合采用这一模式。

(二)破解孤儿作品使用困境的两种平行解决方案

1. 公共文化机构非营利性使用孤儿作品适用合理使用制度

孤儿作品的合理使用是孤儿作品使用制度的重要组成部分。各国及地区立法对如何解决各利益相关者所主张的文化遗产中存在的权利冲突有着明确的关切。一方面,公共文化机构对他们的实物收藏品主张权利,使他们有权在未经进一步许可的情况下将其文化资产数字化和货币化。另一方面,目前尚不清楚公共文化机构所收藏的单个项目是属于公共领域,还是技术上是孤儿作品,或者就图书而言,是非流通作品。因此,获得许可将需要行政和财务费用,如果作品是孤儿作品,由于尽力查找而产生的费用可能会超过公共文化机构出于公共利益的数字化和传播任务而产生的费用。有效的解决办法应该是给予公共文化机构全面的豁免,允许公共文化机构出于保护与传播文化遗产的公共利益目的,在无须授权的情况下使用所有孤儿作品和非流通作品。

我国《著作权法》规定的合理使用的具体情形同样适用于孤儿作品,但是有关图书馆等公共文化机构数字化保存著作权例外的适用范围狭窄,未对孤儿作品开发作出相应规定。[1] 笔者认为,应当扩大图书馆、档案馆、纪念馆、博物馆、美术馆等公共文化机构合理使用的范围。我国《著作权法》第 24 条第 1 款第 8 项规定,图书馆、档案馆、纪念馆、博物馆、美术馆等只能是在为了陈列或者保存版本的需要而复制馆藏作品时才属于合理使用,不得从事有系统地复制(数字化)和提供。这样规定是合理的,因为图书馆等机构大规模复制著作权人明确的作品并向公众提供的行为会干扰和破坏著作权交易许可市场。但是如果是绝版作品和孤儿作品则不会对著作权人的交易许可市场造成损害。2013 年修订的《信息网络传播权保护条例》第 7 条规定:"图书馆、档案馆、纪念馆、博物馆、美术馆等可以不经著作权人许可,通过信息网络向本馆馆舍内服务对象提供本馆收藏的合法出版的数字作品和依法为陈列或者保存版本的需要以数字化形式复制的作品,不向其支付

[1] 魏钢泳:《印度图书馆版权例外制度评述》,载《图书馆杂志》2019 年第 12 期。

报酬,但不得直接或者间接获得经济利益。”并进一步将可以数字化的作品限定为已经损毁或者濒临损毁、丢失或者失窃或者其存储格式已经过时,并且在市场上无法购买或者只能以明显高于标定的价格购买的作品。显然,该条款为了适应网络数字技术发展的需要,将图书馆和档案馆等公共文化机构对绝版作品的数字化纳入了合理使用的范围。孤儿作品与绝版作品的共同特征在于作品的传播有着特殊的市场障碍,使用者往往无法获得许可,而图书馆和档案馆等公共文化机构将绝版作品与孤儿作品数字化并向服务对象提供有益于社会,可以为读者和学者提供海量的查阅机会,因此,本书认为,应将公共文化机构对孤儿作品的数字化和提供纳入合理使用的范围,建议修改《信息网络传播权保护条例》第7条,规定为:“图书馆、档案馆、纪念馆、博物馆、美术馆、文化馆等可以不经著作权人许可,通过信息网络向本馆馆舍内服务对象提供本馆收藏的合法出版的数字作品和依法为陈列或者保存版本的需要以数字化形式复制的作品,不向其支付报酬,但不得直接或间接获得经济利益。当事人另有约定的除外。前款规定的为陈列或者保存版本需要以数字化形式复制的作品,应当是已经损毁或者濒临损毁、丢失或者失窃,或者其存储格式已经过时,并且在市场上无法购买或者只能以明显高于标定的价格购买的作品或者孤儿作品。”

2. 孤儿作品使用的个案申请适用强制许可制度

我国《著作权法》第三次修改草案虽然规定了孤儿作品条款,但要实现对孤儿作品的使用仍存在立法上的缺陷与司法中的困难。由于孤儿作品的使用情形复杂各异,使得理论界对我国孤儿作品使用模式的认识与选择存在严重分歧。笔者认为,我国应当通过强制许可制度解决社会公众使用孤儿作品所面临的法律障碍,这是通过制度安排来降低交易成本的一种有益尝试。强制许可指的是政府可以对孤儿作品进行直接许可。由于许可的是个人作品,覆盖的范围(作品、使用者、使用)就会比其他模式更广泛。部分国家如加拿大、匈牙利、英国、日本、韩国、印度都设置了相关制度,[1]即只要民间使用者向政府机构出具尽职调查无果的文件,政府就能为使用提供许可。使用者也应缴费,费用由专门机构代著作权人保管,若著作权人重新出现,则费用归著作权人所有。强制许可制度虽然阻碍了自愿交易安排,但是克服了在著作权执行中的交易成本难题。

强制许可制度的合理性来源于利益平衡原则。[2] 对强制许可制度的评价和检验取决于该制度实现利益平衡的力度和程度。《伯尔尼公约》1971 年文本的附件中规定了发展中国家可以实施的强制许可。[3] 强制许可一方面保护了著作权人获得报酬的权利,另一方面满足了公众接触作品的需要。因此,强制许可制度是著作权限制制度的重要组成部分。

从实现方式上看,强制许可将交易的监督、定价和执行成本转由第三方承担,通过弱化权利排他性的方式降低作品使用的交易成本。由于孤儿作品著作权人下落不明或无法寻找,如果一味强调著作权人的授权许可的地位,将增加权利的运作成本,最终导致市场失灵。有鉴于此,强制许可让使用者符合法定条件即可实现对孤儿作品的使用,这一方面保障了权利人的利益,另一方面减少

---

[1] 值得注意的是,印度《1957 年著作权法》第 31A 条规定的孤儿作品强制许可制度只适用于未发表或未向印度公众公开的已发表的孤儿作品。

[2] 正如 TRIPs 协议第 7 条对 TRIPs 目标所定位的那样:"知识产权的保护和执法应当有助于促进技术革新以及技术转让和传播,有助于技术知识的创造者和使用者的互利,并在一定程度上有助于社会和经济福利,以及有助于权利义务的平衡。"

[3] 按照该规定,如果发展中国家的使用者想翻译或复制某一外国作品,但又找不到著作权人,或者虽然找到了著作权人但得不到许可,则可以通过一定的程序,从本国的著作权管理机关获得"强制许可证"。在获得了这种强制许可后,使用者就可以翻译或复制有关的外国作品,但是应当向著作权人支付报酬。

了因协商而产生的交易成本,即使用孤儿作品的价格改由法律设定,而不再基于著作权市场的供求关系。由政府根据权利人所受损失与使用者所获利益确定交易条件,以解决因交易一方缺失产生的交易不能问题。因此,强制许可制度的设计是对于由高交易成本所引起的孤儿作品使用困境而作出的有效率的法律回应。

强制许可是以加拿大、日本为代表的国家采用的解决孤儿作品使用问题的制度模式。在这种模式下,通过规定一些概括条件,由行政机关依据使用人的申请,对孤儿作品进行强制许可。与使用者既不需要事先获得批准也不需要事先付酬的限制责任相比,强制许可模式的批准程序容易导致孤儿作品利用效率低下和消耗较多行政资源,许可证必须由行政机关逐个审查发放,这会耗费大量的时间,也会使行政程序过于复杂。例如,将该系统适应谷歌图书搜索环境的主要障碍是有争议的作品数量相当多,谷歌图书搜索涉及数百万项,甚至可能数千万项,而著作权行政管理机关缺乏处理这一数量申请的资金和人力资源,政府不太可能提供更多的资金和其他资源。尽管强制许可制度可能不是解决孤儿作品问题的最优选择,但行政机关的介入有利于规范孤儿作品的使用,并在未来的某个时候发挥补充作用。权衡利弊之后,本书认为,“强制许可”模式是我国目前解决孤儿作品使用问题最审慎也是最适合我国国情的方式,具体理由如下:

第一,强制许可制度能够为使用者提供法律确定性,满足商业及非商业行为人使用孤儿作品的需求,同时与合理使用制度相容。法律规定的确定性及适用范围的广泛性所产生的积极效果远大于获得许可所付出的高管理成本。

第二,强制许可制度不会使孤儿作品著作权人的权利被不合理地损害。非排他性许可证可以确保被许可方不会垄断孤儿作品的使用。一旦孤儿作品著作权人重现,所涉及的民事或行政程序可以通过向著作权人发放版税的方式为著作权人提供更大的保护。强制许可制度要求作品的每个潜在用户采取适当步骤查找孤儿作品的著作权人。一方面,潜在用户必须进行适当的查找并提交所需的表格,这有可能通过这些必要步骤查明著作权人的身份并与其联系;另一方面,也能够让著作权人知道,所涉作品可能被其他潜在用户视为孤儿作品。显然,这种个案申请制度对著作权人更有利,因为在申请孤儿作品强制许可证之前,需要对每个孤儿作品进行个别研究,从而创造了一个更好的机会来识别著作权人,并从孤儿作品中删除该作品。这一制度对于实现著作权法的立法宗旨、促进孤儿作品的使用、维护国家和公众的利益具有非常重要的意义。

强制许可制度规定的适用条件,都以保护著作权人的基本权利为出发点,如在合理协商失败的情况下才能申请强制许可、实施的范围和期限仅限于许可权所承认的目的和期限、许可权是非独占性的不能让渡的权利、被许可人应根据情况适当地补偿权利人等。

第三,公权力的介入有利于解决定价效率问题。孤儿作品的强制许可制度是基于交易不能的特殊情形而在著作权人和社会公众之间保持一种利益平衡的工具,其实质是以法律规定的形式和价格促成使用者对孤儿作品的使用。有学者认为,法定定价优于自由协商的原因在于前者通过第三方定价,各方必须将所有信息公开,以供第三方在定价时参考。[1] 当然,由于作出法定安排的立法者缺乏直接参与作品交易的信息成本优势,因而不可避免地处于信息不对称的地位,因此,以著作权主管机关为代表的第三方应当根据作品的使用范围和数量,并结合供求关系来确定交易价格。

第四,完善的强制许可程序可以避免公众随意使用孤儿作品。为防止对孤儿作品的滥用,各国著作权法均将认定孤儿作品的前

---

〔1〕 Ian Ayres, Eric Talley, *Solomonic Bargaining: Dividing a Legal Entitlement to Facilitate Coasean Trade*, 104 Yale Law Journal 1029 – 1036(1995).

提条件，放在是否满足使用者事先合理查找著作权人并经努力查找无果这一点上，而对于是否进行了尽力查找，应由有权机关制定完善的程序对希望使用孤儿作品的使用者所必须采取的寻找著作权人的步骤进行检验、审查和判定。强制许可的制度成本虽然较高，需要制定相应的授权标准和授权程序以及基金管理制度，需要配备专业人员和相应设施，但是行政机关的介入一方面有利于避免滥用孤儿作品的行为，使当事人之间的权利义务具有很强的确定性，避免在孤儿作品使用条件和使用范围等问题上发生会引起诉讼的混淆，从而维护著作权人的合法利益；另一方面申请和审查程序，有助于使用者在著作权人重现后在法院诉讼时获得支持。

加拿大、日本等实行孤儿作品强制许可制度的国家，公权力的介入是很明显的，而另外一些国家则主张遵循市场机制，不主张政府过多地介入。由于我国市场机制仍然处在发展阶段，行业协会的发展还不完善，过多依赖市场调节可能不利于孤儿作品问题的解决。行政部门的介入可以为孤儿作品的使用制定完善的制度和严谨科学的许可程序，避免公众随意使用孤儿作品。当然，对于强制许可制度的分析都应建立在深思熟虑的基础上，同时考虑强制许可与其他现有的许可模式之间的关系，强制许可与现有的合理使用例外之间的相互影响作用及强制许可制度对我国国际条约义务的影响。

三、孤儿作品使用制度构建

法律制度的设计应当反映出法律规范制定的“存在、同构及其有序、有利”的过程。[1] 面对孤儿作品的使用困境，我们需要根据具体的情况选择合适的解决方式。要构建中国本土化的孤儿作

---

〔1〕 江山：《互助与自足——法与经济的历史逻辑通论》，中国政法大学出版社1994年版，第231页。

品强制许可制度，首先应明确孤儿作品立法的价值目标和制度功能，其次具备孤儿作品强制许可所要求的具有可操作性的制度供给和组织架构。

（一）孤儿作品强制许可的制度设计

本书参照国家知识产权局2012年公布的《专利实施强制许可办法》，结合孤儿作品的特点，对孤儿作品强制许可制度进行了具体的设计。孤儿作品强制许可制度，是指在无法找到著作权人的情况下，政府依法授权他人使用孤儿作品的制度。

1. 给予强制许可的理由

孤儿作品强制许可最为重要的问题是给予强制许可的理由，强制许可的理由不同于强制许可的程序性条件，即使申请给予强制许可的理由符合法律规定，也并不意味着就能够径直给予强制许可，因为还需要满足给予强制许可的程序性条件。从这个意义上说，两者之间有一种递进的逻辑关系。

《伯尔尼公约》1971年的巴黎文本制定了一项附录，其中包含了允许发展中国家在有限的范围内实施强制许可的规定，以促进知识在这些国家内的传播。强制许可制度的设立是从维护国家和公共利益、促进作品的使用角度而采取的一种保障措施。《伯尔尼公约》给发展中国家通过其本国立法规定给予强制许可的理由留出了较大的自由空间。给予孤儿作品强制许可的目的是防止因孤儿作品著作权人不明而妨碍孤儿作品的使用。为此，因著作权人不明而导致其作品使用不能的，国家著作权主管部门根据使用者的申请，可以给予使用孤儿作品的强制许可。

2. 可以给予强制许可的孤儿作品

是否所有的孤儿作品都有被给予强制许可的可能，对此，目前有争议的主要涉及外国孤儿作品和未发表的孤儿作品。本书认为，对外国孤儿作品和未发表的孤儿作品均可以给予强制许可。

依据《伯尔尼公约》所确立的国民待遇原则和著作权独立性原则,公约任一成员国都有保护其他成员国国民作品的义务,并且对其他成员国作品的著作权保护适用被要求保护的成员国的国内法,即所谓的“权利要求地法”,而不是以作品来源国的国内法为依据。因此,公约成员国有关孤儿作品的条款应适用于其他成员国的作品,这既是出于履行公约义务的需要,也是基于本国利益的考量。将外国作品纳入孤儿作品的范围,使得可供利用的作品数量大幅增加,这对于促进本国文化和教育事业的发展无疑具有现实意义。另外,区分本国作品与外国作品会使孤儿作品条款的实施变得复杂,因此也应该予以避免。

此外,强制许可不应排除未发表的孤儿作品的适用。由于作品是孤儿作品,在一般情况下很难确定作品是否曾经出版或以其他方式公之于众,如果排除未发表的作品,将会增加孤儿作品条款适用的难度和不确定性。明确规定强制许可制度不适用于未发表的孤儿作品,虽然在一定程度上保护了作者的发表权和隐私权,但是从立法上排除这类作品的使用会额外增加孤儿作品使用制度适用的难度,在无法区分孤儿作品是否发表时,也会被迫放弃使用计划。故权衡利弊,本书认为,强制许可制度应适用于已发表和未发表的孤儿作品。

基于以上分析,本书认为,强制许可制度应普遍适用于所有类型的孤儿作品。孤儿作品使用制度建立的初衷就是通过弱化善意使用者的风险,使沉寂的作品能够得以利用。将孤儿作品使用制度适用于所有类型的作品,有利于扩大可被公众利用的资源范围。

3. 提交使用声明

申请强制许可的申请人应当向国家著作权主管部门提交使用声明,使用声明应介绍作品的基本情况、调查总结、作品将如何使用等。

申请人应当提供证据,证明其为寻找著作权人作出了合理的努力,但未能找到著作权人。要求申请人必须事先提供寻找著作权人未果的证明,其目的在于促使申请人与著作权人通过协商订立著作权许可使用合同,尽量争取在合理的条件下取得著作权人的自愿许可,同时防止申请人在没有通过尽力查找著作权人的情况下,任意声称某作品为孤儿作品。

一般而言,使用者在进行查找之前,必须知晓作品的一些相关信息,如作者、出版社、著作权登记编号或者出版日期等,以此为线索,采取诚信和有效的查找途径,既保证申请人尽到查找著作权人的义务,同时又使申请人不会承担过重的负担。本书认为,在对"尽力查找"进行检验与测试时,可以设置一些客观标准。申请人如果能够证明其已根据作品的特定情况采取了适当和合理的措施查找作者未果,可以认定其履行了"尽力查找"的义务。查找的范围包括但不限于以下内容:向出版机构、正在使用作品的其他使用者、作品的其他可以联系的作者以及政府有关主管部门了解著作权人信息;国家著作权主管部门设立的作品自愿登记数据库;著作权集体管理组织设立的数据库;互联网相关数据库(包括旧黄页、死亡证书和房地产登记数据库等);在全国性新闻媒体刊登查询广告。

由国家著作权主管部门决定调查是否符合法律规定的标准。国外进行的尽职调查在我国可以作为证据使用。

4. 给予强制许可的主要程序

给予强制许可的主要程序涉及需要提交的文件、受理申请的条件、申请的审查程序、给予强制许可决定的内容、强制许可使用费的裁决、强制许可的终止等程序性事项。下面将笔者起草的给予强制许可的基本程序说明如下:

(1)申请的提出。使用者应当向国家著作权主管部门提交强制许可申请书,申请书的内容包括:申请人的姓名或者名称、地址;申请人的国籍或者其总部所在的国家;被请求强制许可的作品名称、著作权人姓名或名称、出版者名称;请求给予强制许可的理由和事实;申请人的签字或者盖章;委托代理机构的,还应当有该版权代理机构的盖章。

强制许可申请书应当一式两份。强制许可请求涉及多部作品的,可以在一份申请中提出。如果申请人对外国孤儿作品的复制权和翻译权申请实施强制许可的,还须依照《伯尔尼公约》附件第4条的相关规定办理,即申请人无法找到外国孤儿作品著作权人的情况下,应通过挂号航空邮件,将其送交授予许可证的主管当局的申请书的副本寄给该作品上列有名称的出版者,以及据信该出版者主要业务中心所在国的政府为此目的交存于总干事的通知中所指定的任何国内或国际情报中心。

(2)受理。国家著作权主管部门应当对申请进行审查,如不符合法律规定的,应当作出不予受理的决定,并通知申请人。申请不符合法律规定的情形有:申请文件未使用中文;明显不具备申请强制许可的理由;请求给予强制许可的作品著作权已经终止。

对符合规定的强制许可申请,国家著作权主管部门应当予以受理,并将申请书登记公告。

(3)审查。国家著作权主管部门应当对申请人陈述的理由和提交的有关证明文件进行审查。如果申请人陈述的理由和提交的证明文件不充分或者不真实的,国家著作权主管部门在作出驳回强制许可请求的决定前应当通知申请人,给予其陈述意见的机会。申请人在国家著作权主管部门作出决定前撤回其申请的,强制许可申请的审查程序终止。

(4)驳回强制许可申请或者作出给予强制许可的决定。国家著作权主管部门经审查认为,申请人提出申请后著作权人出现或确有证据证明著作权人地址、联系方式的;或者申请人陈述的理由、提供的信息或者提交的有关证明文件不充分或者不真实的,应当作出驳回强制许可申请的决定。如果经审查发现没有驳回理由的,国家著作权主管部门应当作出给予强制许可的决定,同时予以登记和公告。这一点是必要的,一方面,登记和公告可以让公众了解该强制许可的法律状况,有利于防止强制许可的被许可人擅自转让其使用权;另一方面,可以使潜在的著作权人知晓其作品被强制许可的事实,便于其维护自己的合法权利。

(5)不服的救济。申请人对驳回强制许可申请的决定不服的,可以请求司法救济。

5. 强制许可的终止

强制许可因期限届满自动终止的,国家著作权主管部门应当登记并公告。如果在强制许可决定的期限内著作权人出现的,可以向国家著作权主管部门请求提前终止强制许可。[1] 但在强制许可终止前制作的复制品,可以继续发行至售罄为止。

6. 取得强制许可的使用权的性质和范围

取得强制许可的使用者不享有独占的使用权,并且无权允许他人使用。[2] 但是,如果强制许可的被许可人因为并购等原因导致企业发生转移,强制许可可以一并转让。除此情形外,强制许可不得转让。

申请人取得的强制许可的使用权为孤儿作品著作权人依法享有的著作财产权,包括复制权、发行权、出租权、展览权、表演权、播放权、信息网络传播权、改编权、翻译权等。我国 2014 年《著作权

〔1〕 请求提前终止强制许可的程序与申请给予强制许可的程序基本相同,故不再赘述。

〔2〕 强制许可不能是独占的,这是因为强制许可制度是维护公共利益而授权他人使用孤儿作品的制度,只有使更多的人获得使用该作品的权利,才能更好地实现这一目的。如果强制许可是独占性的,则取得该许可的使用者享有排除他人以相同方式使用孤儿作品的权利,就会妨碍更多的利用孤儿作品。因此,在给予强制许可的情况下,被许可人仅获得使用该作品的普通许可使用权,并且,被许可人不得进行分许可,否则,第三人就可能通过分许可规避强制许可的严格程序。

法》(修订草案送审稿)第51条规定使用者提存使用费后可以数字化形式使用孤儿作品。这里所说的“以数字化形式使用”,是仅指数字化形式的复制,还是也包括数字化形式的传播?其文义并不清晰,在实践中容易引起当事人反差较大的不同理解。此外,《著作权法》(修订草案送审稿)参照欧盟《孤儿作品指令》的规定,将孤儿作品条款仅限于对孤儿作品数字化形式的使用,而将非数字化使用孤儿作品的情形排除在外。对此,笔者不敢苟同。欧盟《孤儿作品指令》除了对孤儿作品的使用主体进行限制之外,对使用的范围也进行了限制,主要涉及公共文化机构对孤儿作品的复制,以及对孤儿作品复制件的公众传播。本书认为,欧盟《孤儿作品指令》对孤儿作品使用范围的限制失之偏颇。从扩展知识可及性,促进文化资源利用角度考虑,不应将孤儿作品的使用仅限于数字化使用。

7. 强制许可的使用费

由于强制许可的被许可人都会通过使用孤儿作品获得一定经济利益,因此,在给予强制许可的情况下,应当给予著作权人合理的补偿。使用费的数额应当根据个案的情况,参照普通许可使用合同的使用费,并考虑许可的经济价值,由国家著作权主管部门予以裁决。国家著作权主管部门应制定合理的孤儿作品使用费标准,以此作为裁决的依据。由于孤儿作品使用费标准的确立不仅与著作权人的利益息息相关,而且关系到孤儿作品的有效利用以及相关产业的生存发展,同时影响着社会大众接触作品、合理利用作品的公共利益。因此,我国应借鉴国外的立法经验,并结合本国的国情,制定出合理的孤儿作品使用费标准。

8. 强制许可证的撤销

被许可人如果未能在许可证设定的期限内或应被许可人申请

得以延长的期限内生产和出版作品[1]或者许可证是基于对重要事实的欺诈或歪曲而获得的,则国家著作权主管部门可以撤销许可证。

9. 孤儿作品使用费的提存

在著作权人下落不明的情况下,取得强制许可的使用者应当向国家著作权主管部门指定的机构提存使用费。提存机关应当依照法定条件和程序,对孤儿作品使用者为著作权人的利益而交付的孤儿作品使用费进行保管,并在孤儿作品著作权人重现时交付给著作权人。通过提存使用费的方式而免除债务,有利于解决著作权人和使用者双方的利益冲突,有利于澄清讼源、减少讼争。

(1)提存的程序。参照司法部 1995 年颁布的《提存公证规则》,本书认为,孤儿作品使用费的提存,应当包括以下程序:

第一,申请。提存申请人应当填写提存申请表,并向提存机关提交相关证明材料,包括:申请人的身份证明;[2]孤儿作品强制许可证复印件;著作权人姓名(名称);著作权人下落不明的有关证明材料等。

第二,受理。对于符合条件的申请,提存机关应当受理。申请条件包括:申请人对著作权人负有支付孤儿作品使用费的义务;孤儿作品著作权人身份不清、地址不详;孤儿作品强制许可证中指定以提存方式给付;申请表及材料基本齐全。

第三,审查和公告。提存机关经过审查,如果认为申请人所提交的材料齐全、内容属实以及请求提存的原因和事实属实的,提存机关应当予以提存并予以公告。孤儿作品著作权人身份或下落不

[1] 许可证的期限可由国家著作权主管理部门应被许可人申请予以延长。如果国家著作权主管部门认为被许可人有充足的理由无法在许可证设定的期限内生产、出版译文或复制作品,国家著作权主管部门可决定延长期限。

[2] 法人应提交法人资格证明和法定代表人身份证明,法定代理人应提交与被代理人关系的证明,委托代理人应提交授权委托书。

明无法送达通知的,提存机关应在法定期限内,以公告方式通知。

(2)提存的效力。著作权人重新出现的,可以向提存机关申请领取提存费。著作权人应提供身份证明、提存通知书或公告以及有关著作权的证明。身份证明包括著作权人姓名、作品标题或说明、著作权人联络方式等能够证明著作权人身份的足量的信息。从提存之日起,超过20年无人领取的提存费,视为无主财产,提存机关应在扣除提存费用后将其余额上缴国库。

(二)孤儿作品使用配套制度

1. 著作权人重现后的权利救济制度

著作权人重新出现后产生的法律后果是孤儿作品立法中需要解决的重要问题。著作权人重现后会出现两个难题:其一,著作权人有权得到什么样的赔偿(如果有的话);其二,著作权人是否能够防止其作品的进一步衍生使用。本书认为,重现的著作权人享有的权利包括:

(1)重现的著作权人可以向提存机关申请领取提存的使用费,领取时应提供身份证明、提存通知书或公告以及有关著作权的证明。

(2)重现的著作权人可以向国家著作权主管部门提出终止强制许可的申请,如果著作权人欲制止其作品被出版或以其他形式被使用,被许可人应尊重其意思表示。

(3)重现的著作权人对国家著作权主管部门决定的使用费数额不服,可在其知晓自己作品被授予强制许可之日起6个月内,对裁定的使用费数额提出行政上的异议申请。

(4)如果使用者已经履行了尽力查找的义务,著作权人重现后,著作权人可以禁止使用者进一步印刷或出版孤儿作品,但允许使用者零售现有作品。著作权人可以要求停止任何进一步使用该作品创作新产品的行为,并获得合理的补偿。这种安排对著作权人和使用者来说都是相对公正和公平的。

(5)图书馆和档案馆等公共文化机构出于非商业的、于社会有利的目的(包括保存、教育、传播知识、传统的研究形式或新的文本与数据挖掘等)对孤儿作品的数字化和公开化的使用,虽然属于合理使用的范围,但是若收到重现的著作权人的通知,图书馆和档案馆等公共文化机构在进行诚信调查的基础上应立刻停止使用,否则应对其过去使用的孤儿作品作出赔偿。

(6)若重现的著作权人认为使用者对孤儿作品的演绎构成对孤儿作品的歪曲、篡改,对其声誉及作品名誉造成损害的,可以向人民法院起诉。但是,只有在符合以下条件的情况下,才允许对孤儿作品的演绎作品给予禁令救济:其一,著作权人也是孤儿作品的作者;其二,作品名誉及作者声誉受到某种形式的损害;其三,著作权人的损害不能得到合理的金钱赔偿。禁令救济是著作权侵权案件中的一项重要补救措施,而限制对孤儿作品的衍生作品采取禁令救济,是在著作权人的权利和使用者对孤儿作品的善意使用之间取得平衡的结果。使用者在进行尽力查找和提交使用声明后创作的衍生作品,不必担心原作品著作权人重现后,衍生作品将被禁止进一步使用,这种对禁令救济的限制将鼓励合格使用者利用孤儿作品,并投资于衍生作品的创作。

2. 建立孤儿作品使用声明机制

孤儿作品立法要求作品使用者应完成一个两步走的流程:一是出于善意的尽职调查;二是使用声明。使用声明机制出现于美国《2008 年孤儿作品法案》议案中,其主要优点是著作权人可以通过该条款意识到其作品被当作孤儿作品,并对使用者作出回应。孤儿作品使用声明在某些情况下会为使用者带来较大的负担,尤其是对于想要在一个项目中使用多部孤儿作品的使用者(如图书馆特殊馆藏数字化)。在许多情况下,大规模定制体系并不需要遵守个人使用声明。因此,使用声明仅为个人使用时采用。

笔者建议,在国家著作权主管部门下设的版权登记处建立一个档案馆以保存使用声明文件。当然,前提是国家著作权主管部门拥有建立及维护使用声明档案馆的技术能力。使用声明文件的内容包括:(1)使用的作品类型;(2)作品描述;(3)已完成的尽职调查总结;(4)使用者识别标记;(5)作品来源(如作品所在图书馆或网站,作品最初出版位置);(6)使用者尽职调查证明;(7)使用者姓名、联系方式及作品使用说明。

其中,如果使用的是视觉艺术作品,使用者还应提交一份该视觉艺术作品的副本,这对于著作权人辨认视觉艺术作品可能更为重要。根据使用声明存档的要求对作品所进行的描述,可能不足以使著作权人最终确定其在使用声明下使用的视觉艺术作品。因为使用者可以选择多种方式来描述视觉艺术作品。例如,《蒙娜丽莎》这幅名作可以用几百种简单宽泛的方式来描述,问题是,任何绘画都可以用类似的方式描述,而这些描述同样准确。因此,使用声明中所描述的作品可以是许多不同的绘画作品。如果没有提交孤儿作品的副本以及对作品的描述,著作权人不可能单独通过描述来识别作品。这与设置孤儿作品使用声明机制的意图背道而驰,因为该机制旨在将使用者和著作权人联系在一起。

使用声明文件由国家著作权主管部门保存,只有在国家著作权主管部门制定的规则许可下,文件才能提供给个人或公众使用。如果著作权人能够定期进行搜索、调查、检视其作品是不是孤儿作品,那么保存使用声明文件的档案馆便是非常有用的。虽然向公众披露孤儿作品的使用状况会导致泄露一些有竞争性的或保密的信息,乃至损害使用者的利益,但是,本书认为,如果制度要求只对作品使用进行简单描述(因为对于著作权人来说,过于细节的信息在辨认自己作品的时候是不必要的),那么该缺点便可以被克服。

使用者提交使用声明的费用应当是低收费或免费的,如果孤儿作品立法的目的是鼓励人们获得因著作权限制而无法获得的作品,那么保持尽可能低的价格以鼓励最大限度地使用是合乎逻辑的。对于许多使用者来说,大量的申请费用将成为申请使用声明的障碍。潜在使用者在考虑继续提交使用声明时,很可能会先用钱包思考,如果为多个孤儿作品提交使用声明的成本过高,则使用者可能放弃该程序。对于著作权人来说,如果对孤儿作品使用声明档案馆的访问收费,不论是多是少,都可能出现类似的情况,著作权人可以选择放弃支付费用调查孤儿作品档案,特别是著作权人从使用者那里获得的合理许可费的数额低于访问档案的费用。如果国家著作权主管部门需要收取使用声明备案费,同时也向著作权人收取调查孤儿作品档案的费用,则应首先进行成本效益分析,以确定使用者与著作权人愿意参与的临界点。任何孤儿作品立法中的目标都是将孤儿作品的所有者和著作权人聚集在一起。[1] 如果与使用声明备案和著作权人调查相关的价格点,对预期的著作权人和使用者不具有吸引力或不具成本效益,则可能阻碍该目标的实现。

另外有观点认为,使用声明档案馆会阻止尽职调查,因为当使用者看到有作品位列其中时,他们便会误以为对该作品的著作权人进行后续调查是没有必要或不太可能成功的。[2] 本书认为,这种担忧是不必要的,因为每个使用者都应满足尽职调查要求,这一责任不仅限于调查国家著作权主管部门记录,多数使用者会利用登记处的信息确认其调查是否涵盖了所有可能的消息来源。

---

〔1〕 U. S. Copyright Office, *Orphan Works and Mass Digitization*: *A Report of the Register of Copyright*, AOL (Sept. 3, 2016), https//copyright. gov/orphan/reports/orphan – works 2015. pdf.

〔2〕 U. S. Copyright Office, *Orphan Works and Mass Digitization*: *A Report of the Register of Copyright*, AOL (Sept. 3, 2016), https//copyright. gov/orphan/reports/orphan – works 2015. pdf.

总之,含有作品说明、调查总结及其他作品特点的使用说明会帮助使用者获得有用的识别信息。档案馆应将使用者进行的尽职调查的信息及其使用孤儿作品的记录上传到公众可见的在线数据库中,使用声明数据库越能为公众所用,就越能将使用者和著作权人联系在一起。

3. 建立疑似孤儿作品登记处

建立科学、高效的疑似孤儿作品登记处是解决孤儿作品问题、促进孤儿作品有效利用的桥梁。从孤儿作品著作权变动审视,任何一个孤儿作品著作财产权的实现过程实质上都是一部孤儿作品的著作权人和使用者的信息搜集、拥有、传递与使用的过程。为了使孤儿作品的使用更加透明公正,也为了减少使用者的查找成本,有必要对已发现的孤儿作品进行登记。

随着网络技术的不断发展,孤儿作品信息的社会化、网络化程度越来越高,各国家及地区也通过不同的技术手段尽力搭建孤儿作品信息平台。匈牙利《著作权法》第 8 条规定了被授权孤儿作品的登记由匈牙利知识产权局管理,只包括知识产权局授权许可的孤儿作品,登记可公开获取。登记中包括下列信息:(1)一个申请号;(2)认定孤儿作品的细节;(3)该作品被许可使用范围;(4)报酬数额和保存日期;(5)最终撤销授权以及撤销的日期;(6)涉及该孤儿作品的最后未解决的法律程序。登记也可以包括被授权人的详细信息。

英国孤儿作品立法也要求授权机构维护和升级关于孤儿作品的登记,包括:(1)已经进行的勤勉查找和申请,包括已经授权的和正在考虑的申请;(2)已经授权的孤儿作品许可和相关作品被许可的使用方式;(3)被拒绝的孤儿作品授权。该信息可以免费获取。

匈牙利和英国的信息可以帮助著作权人查看自己的作品是否被作为孤儿作品使用,也可以供其他潜在使用者参考。但该登记只包括被授权的孤儿作品，因此它不能被用于潜在使用者查找著作权人，也不能避免未来孤儿作品的产生。

法国的《20世纪绝版书数字化法案》也规定了建立孤儿作品数据库的制度，这个数据库已在2013年3月21日开始运作。

美国2008年之后孤儿作品制度的相关发展帮助视觉艺术家就孤儿作品问题扫清了一些障碍。目前，一部分视觉艺术组织已开始支持建立非营利性的图片注册一般系统注册处，以对孤儿作品使用者进行尽职调查提供便利。图片注册一般系统扮演着一个枢纽的角色——连接着88个国家的注册处，并提供文学及图片搜索功能。美国版权局已经和斯坦福法学院开展了学术联系，探索如何将照片许可信息及事务中涉及的著作权人和许可人的数据标准汇集起来。当然，图片注册一般系统及其他注册处只是调查中的一个组成部分。[1] 此外，英国版权中心是一个致力于为使用者和著作权人对被保护作品申请许可提供便利化服务的网站，并且其还连接着一些集体许可组织和注册处。近几年还会建立其他诸如此类的网站以对孤儿作品进行有效的管理。

笔者认为，我国国家著作权主管部门应建立疑似孤儿作品登记处，其职责是制作孤儿作品数据库，收集整理各集体管理组织、图书馆、出版社等机构现有的孤儿作品资源、登记作品及著作权人的相关信息并及时更新。国家著作权主管部门应通过对利益相关者进行公共咨询从而维持并更新不同种类作品的尽职调查操作建议。数据库应当向公众免费开放，供公众网络远程访问。登记既可以作为对孤儿作品著作权人的提醒，也可以作为后面申请的参考，但不能直接成为后面申请者利用该作品的全部依据。因为孤

---

〔1〕 U. S. Copyright Office, *Orphan Works and Mass Digitization*: *A Report of the Register of Copyright*, AOL (Sept. 3, 2016), https//copyright. gov/orphan/reports/orphan – works 2015. pdf.

儿作品是一个变化的状态,后面申请者应当对从登记到使用这段时间的作品状态继续查找。登记机构也需要随时更新登记记录,将著作权人重新出现的作品及时去除。

此外,孤儿作品的著作权人在作品已经被使用并且使用人已经提存了使用费的,可以选择将其作品退出该系统,不再被该数据库收录和使用。

4. 实行著作权登记制度,赋予登记程序以权利公示效力

无论是强制许可方案,还是延伸性集体管理方案(或其他提议),都不是解决孤儿作品问题的最优方案,理想的解决方案是能够消除孤儿作品产生的根本原因的方案。缺乏与著作权相关的信息和数据的原因是众所周知的:首先,《伯尔尼公约》禁止将申请或注册等手续作为著作权保护的先决条件。因此,无论原创作品的创作者是否希望得到保护,世界上大多数国家的著作权都是在原创作品创作完成的那一刻产生,著作权人可以登记他们的利益,但这不是强制性的。根据《伯尔尼公约》,著作权基本上是"选择退出"而不是"选择加入",因此,绝大多数受著作权保护的作品,在实际操作中,可能从来没有被利用过。其次,如果著作权保护不持续这么长时间,情况也不会这么糟,随着几十年到一个世纪或更长时间,著作权成为一种定期买卖的商品会经许多人的手,如果是个人死亡,则在继承人之间分配权利,他们甚至可能不知道自己继承了什么。对于著作权人是企业或其他组织来说,包括著作权在内的资产可以通过并购或破产获得,因此,即使原著作权人积极管理自己的权利,也不能保证其继承人或受让人也会这样做。

一部作品不可能像一片土地那样被人看到,或者可能在地图上得到精确的描绘,作品所具有的公共产品特征,使得其在没有特别法律保护的情况下难以发现及阻止未经许可的使用,这标志着明确著作权的成本相对较高。《伯尔尼公约》最初允许各国根据注册和续展等手续授予著作权。然而,在互联网出现之前的一个

时代，满足这些要求所涉及的实际困难被证明是不可克服的："要求作者（或出版商）了解他不熟悉的国家的法律要求，然后获得和填写各种语言的表格。"因此，《伯尔尼公约》缔约国于1908年通过了一项修正案，将条约从"有限接受"改为"更广泛地禁止"对外国作者强加手续。[1] 尽管各国在1908年修正案之后仍然可以自由地对本国公民施加手续，但他们不愿意接受将本国国民置于与外国作者相比的竞争劣势地位，这是可以理解的，但是取消登记手续造成了一个巨大的混乱局面，没有人能够系统地收集或跟踪使著作权市场正常运行所需的信息，著作权的经济理由在理论上是合理的，但在实践中是次优的，仅靠产权不足以促进有价值的交流和经济增长，有效率的市场还依赖于谁拥有哪些权利、能够做什么等信息，有了这些信息，市场参与者才可以议价，没有这些信息，则会出现交易成本（如寻找权利人和签约成本）抑制交易的僵局。不少学者认为取消著作权登记是造成孤儿作品的重要原因，主张通过复兴著作权登记制度从根本上解决孤儿作品问题。英国政府2009年的《数字时代的版权战略》、美国政府2010年的《版权原则项目研究报告》以及欧盟2011年的关于数字图书馆的调研报告也提出将著作权登记作为解决孤儿作品问题的重要措施。

从主张我们最好放弃任何著作权，到要求废除或至少修订《伯尔尼公约》，再到更务实但仍有争议的定期实施著作权更新要求的想法，[2] 都可能需要政治和立法行动来改变正式的法律规范。在《与贸易有关的知识产权协定》和世界知识产权组织"互联

---

〔1〕《伯尔尼公约》第5(2)条的修正案规定："(1)享受和行使这些权利不受任何形式的拘束；这种享受和行使应独立于原产地国家的保护存在。因此，除本公约的规定外，保护的范围以及为保护提交人的权利而提供的补救办法，应完全由要求保护的国家的法律管辖。"

〔2〕A. Story, *Burn Berne: Why the Leading International Copyright Convention Must Be Repealed*, 40 Houston Law Review 763 - 801(2003).

网条约”出台之后的10余年,相关协定和条约所体现的正式国际著作权规范发展缓慢,部分原因可能是20世纪90年代中期以后,全球著作权保护扩张之快,以至于接下来的时间都是在简单地消化全球知识治理体系中发生的巨大变化。事实上,《伯尔尼公约》反对形式是基于实际而不是理论上的考虑,而这些实际问题能够在一个集中的、基于互联网的手续系统中得到解决。随着软件、新闻报道和其他受著作权保护作品的经济价值越来越重要,被许可人能够轻松识别这些作品的所有者并获得这些作品许可的重要性也越来越大。登记制度的重要性不仅因为著作权保护作品范围的扩大而增强,而且因为它们经济影响的增大也在增强。例如,2013年美国依赖著作权许可的行业占美国国内生产总值(GDP)的1.9万亿美元以上,其经济影响比1790年法案制定时的总国内生产总值(GDP)高出很多。仅唱片业就与美国2500多家国内流媒体服务公司签订了合同,并在全球获得了400多万首曲目的许可。[1]为了符合著作权法的许可要求,就需要海量可靠和可用的信息,这就要求存在一个全面的可保护作品的公共平台。维护一份完整的公共记录对于一个运作中的市场至关重要,它可以转让受著作权保护的作品的权利,同时也可以利用其原始和衍生形式。公共记录必须是全面的,为了全面,必须及时和定期更新。各类型的作品,应由国家版权局制定合理的查找搜寻参数,这些搜索参数应考虑到使用者在进行尽力查找时所面临的技术进步。

由于著作权保护是法定的,因此维护记录的及时性和真实性的责任落在著作权人身上,他们持有保持记录最新的所有必要信息。“不言而喻,除非著作权人提供必要的数据,否则我们无法建

---

[1] Louis Johnston & Samuel H. Williamson, *What was the U. S. GDP Then?*, MeasuringWorth (2018), https// www. measuringworth. com/ datasets/ usgdp/ result. php.

立一个健全和准确的著作权数据库。”[1]

在缺乏基本的著作权登记系统的情况下,著作权人、作品保护期、转让记录以及其他相关信息均无法识别。这证明了登记注册在创意作品市场中所起的独特和最终不可替代的作用,即登记注册在创造和维护全面的著作权公共记录方面的价值。上文提到,既然在享有著作权的作品中只有很少部分具有持久性的价值,那么一种类似的重新登记著作权的要求,就会使一大批作品进入公有领域,任何人都可以免费使用,对于留下来的作品,重新登记又可以使潜在的使用者获得最新的信息,以便确定该作品的著作权人。这类似于美国许多州实行的旧不动产权利主张法(old real property claims)。根据该法,除非在某一规定期限内,不动产所有人通过登记以表明其意图保留该权利,否则,所谓的可转让产权法(marketable title acts)就会取消这些就不动产的权利主张。[2]

一份强有力的公共记录所提供的数据对研究人员和决策者来说非常有用。这对于任何试图研究动态创意产业的人来说都是特别重要的,因为复杂的法律制度、残缺的历史记录和不透明的商业实践导致了可靠数据的缺乏。美国1976年《著作权法》修改了强制登记制度后,在美国版权局登记作品,虽然不再是著作权保护的先决条件,但仍然在现代许可市场中发挥着重要作用。在正确实施和维护后,登记提供了所有权的公共记录,跟踪谁拥有作品,从而向潜在许可证持有人提供使用作品所必需的实际和法律信息。自愿登记制度允许申请人在向版权管理机关提出申请后,可以立即获得登记,而在实践中申请人往往是将登记视为诉讼的战略前奏,而不是立法所鼓励公开记录的政策反映。在这种情况下,一个

---

〔1〕 Maria A. Pallante, *The Curious Case of Copyright Formalities*, 28 Berkeley Technology Law Journal 1415 - 1421 (2013).

〔2〕 [美]保罗·戈斯汀:《著作权之道——从古登堡到数字点播机》,金海军译,北京大学出版社2008年版,第202页。

理性的行动者只会在:(1)发生侵权行为;(2)权利人决定提起诉讼后,才会寻求对他们的作品进行登记注册。事实上,如果没有迫在眉睫的诉讼,一个理性人几乎没有动力投入必要的时间和金钱来登记注册。在这种方法下,登记所创造的记录大大减少:与其说是一份全面的所有权清单,不如说记录减少到那些已经或即将进行诉讼的作品。这与立法试图通过自愿登记所体现的激励机制来实现的完整公共记录大不相同。《伯尔尼公约》禁止以诸如登记之类的形式要件作为取得著作权的前提条件,但是,如果不是剥夺著作权,而是限制著作权人的权利救济措施,如规定对于未登记的作品,著作权人只能被判予获得合理的使用费,不得禁止善意第三人使用其作品等,则不构成对《伯尔尼公约》所确立的自动保护原则的违反。

随着公众著作权保护意识的增加和著作权登记程序的完善,自愿登记的著作权人应该会越来越多。比如,在我国 2000 年全国自愿登记的作品为 3205 件,2002 年为 11,067 件,到了 2012 年增长到560,583 件,2013 年为 834,569 件,2013 年比 2000 年增长了 250 多倍,总体呈现出逐年飞跃式发展的态势。如果对已登记作品和未登记作品的侵权索赔而产生的合理赔偿是相同的,则可能降低著作权人为登记其作品而花费额外资金的积极性。

如果把著作权登记作为著作权主张的初步证据,会更加激发著作权人登记的主动性。著作权人可以将他们的名字、联系方式,以及不可获得许可的作品列表归档。此外,登记的费用也会起到一定的影响作用。如果著作权人登记作品或使用者搜寻作品所涉及的费用越多,著作权人和使用者参与登记的可能性就越小。因此,著作权人的申请费或登记费应非常低或不存在。著作权登记的数据库应是使用者可以免费搜索的,并且是任何尽力查找的强制性部分。任何未经授权使用该数据库中所列作品,均不受孤儿作品立法的保护,著作权人可以对未经授权的使用者提起侵权诉讼。我国 2020 年《著作权法》第 12 条规定了著作权选择登记条款[1],但是未登记著作权会产生怎样的法律后果在立法中仍然隐晦不明,这会使该条款在司法实践中适用的效率不高。2014 年《著作权法》(修订草案送审稿)第 59 条规定了著作权专有许可合同和转让合同的登记程序,并赋予登记以对抗效力。[2]这在一定程度上缓解了著作权权利变动的清理问题,有助于消除孤儿作品现象,但遗憾的是 2020 年《著作权法》删除了这一条规定,未经登记的著作权专有许可合同和转让合同是否具有对抗善意第三人的效力仍未予以明确。

本章小结

关于孤儿作品的使用模式,本章分析了各种使用模式的利弊,提出我国应采用两种平行解决方案破解孤儿作品的使用难题,并对其具体实现路径及配套制度进行了完整的设计。本书参照国家知识产权局 2012 年公布的《专利实施强制许可办法》和司法部 1995 年颁布的《提存公证规则》中有关程序性的规定,结合孤儿作品的特点,拟定了一份《孤儿作品强制许可实施办法》(建议稿),以期作为将来立法的参考。

建议稿坚持在现有著作权制度的框架内,通过著作权制度的变革与调整,对使用孤儿作品的规则作出精细和严谨的规定。具体规则如下:(1)使用者向国家著作权主管部门提出强制许可的

---

[1] 我国 2020 年《著作权法》第 12 条第 2 款规定:"作者等著作权人可以向国家著作权主管部门认定的登记机构办理作品登记。"

[2] 我国 2014 年《著作权法》(修订草案送审稿)第 59 条规定:"与著作权人订立专有许可合同或者转让合同的,使用者可以向国务院著作权行政管理部门设立的专门登记机构登记。未经登记的权利,不得对抗善意第三人。登记应当缴纳费用,收费标准由国务院财政、价格管理部门确定。"

申请;(2)使用者出示证据证明其为了找到著作权人,在使用作品前进行了诚信且充分的尽职调查;(3)使用者使用孤儿作品不得不合理地损害著作权人的精神权利;(4)使用者须在所有公共出版物上、展览及表演中标示“孤儿作品”标志;(5)使用者应将国家著作权主管部门决定的使用费向指定机关提存;(6)著作权人重现的,可依据法律规定向提存机关受领使用费;(7)重现的著作权人如果认为对其作品的使用侵犯了其著作权的,可以向人民法院起诉。

附录一 《孤儿作品强制许可实施办法》建议稿

第一章 总 则

第一条 为了保护孤儿作品著作权人的权益,调整孤儿作品在使用和传播中发生的利益关系,鼓励孤儿作品的利用,促进文化产业的发展,根据《中华人民共和国著作权法》第五十一条的规定,制定本办法。

第二条 本办法所称孤儿作品,是指著作权保护期未届满,使用者通过尽力查找无法联系著作权人的作品。

第三条 本办法适用于所有类型作品,所有使用者及所有使用途径。

第四条 本办法下列用语的含义:

(一)孤儿作品著作权人,是指对孤儿作品享有著作权的自然人、法人或者其他组织。

(二)孤儿作品的使用者,是指已对作品著作权人进行了尽力查找并保留了相关记录,但未找到孤儿作品著作权人的自然人、法人或者其他组织。

第五条 使用者在使用作品之前,为寻找作品著作权人进行了尽力查找。尽力查找要求至少:

(一)若能够确认信息的确存在,对国家著作权主管部门记录开展调查;

(二)对著作权作品作者及其他著作权人信息来源进行调查;

（三）适当运用技术工具，印刷资源及合理的专家协助；

（四）使用恰当的数据库，包括在线数据库。

尽力查找还包括将调查开始前或在调查中发现的事实考虑在内。

缺少对被使用作品的副本或音像文件的辨认信息或已确认的被使用作品的著作权人未能对任何调查及与作品相关的情况作出回应，都不足以达到尽力查找的要求。

若根据国外法律，一项调查被认为是尽力地调查，且使用该调查的是中国使用者，国家著作权主管部门在决定该调查在中国是否合格时，应将该因素纳入考虑范围，前提是该国也接受中国的合格调查。

第二章　孤儿作品的强制许可

第六条　国家著作权主管部门负责受理和审查孤儿作品强制许可申请和终止强制许可申请并作出决定。

第七条　申请人已对作品著作权人进行了尽力查找而未找到著作权人，可以向国家著作权主管部门申请给予使用孤儿作品的强制许可。

第八条　申请给予强制许可的，应当提交强制许可申请书，写明下列各项：

（一）申请人的姓名或者名称、地址、联系人及电话；

（二）申请给予强制许可的作品名称，若作品无名称，则提供足以辨明作品的详细描述；

（三）著作权人的姓名或者名称；

（四）申请给予强制许可的理由和事实、期限；

（五）使用声明；

使用声明应该包括：被使用之作品的类型；对作品的描述；进

行尽力查找的简要介绍;使用者在合理确定的程度上知晓的相关作品的作者、公认的名称以及其他能够获得的关于作品的确认要素;作品的来源,包括找到该作品的图书馆或档案馆,第一次刊登作品的出版物,撷取作品的网站;使用者的姓名以及作品将会被如何使用。由国家著作权主管部门掌管的使用声明档案只应该按照国家著作权主管部门规章所详细规定的条件提供给个人或公众。

(六)申请人的签字或者盖章;

(七)其他需要注明的事项。

请求书应当一式两份。

第九条 强制许可请求有下列情形之一的,不予受理并通知申请人:

(一)申请人未进行尽力查找或不足以达到尽力查找的要求;

(二)申请人为非营利教育机构、博物馆、图书馆、档案馆或公共广播机构,且出于教育、宗教及慈善目的使用孤儿作品;

(三)申请文件未使用中文;

(四)明显不具备申请强制许可的理由;

(五)申请给予强制许可的著作权已经终止。

第十条 申请文件不符合本办法规定的,申请人应当自收到通知之日起 15 日内进行补正。期满未补正的,该申请视为未提出。

第十一条 国家著作权主管部门受理强制许可申请的,应当及时将申请书副本予以公告。

第十二条 国家著作权主管部门应当对申请人陈述的理由、提供的信息和提交的有关证明文件进行审查。

第十三条 申请人在国家著作权主管部门作出决定前撤回其申请的,强制许可申请的审查程序终止。

在国家著作权主管部门作出决定前,申请人找到著作权人并与其订立了许可合同的,应当及时通知国家著作权主管部门,并撤回其强制许可请求。

第十四条 经审查认为强制许可申请有下列情形之一的,国家著作权主管部门应当作出驳回强制许可申请的决定:

(一)在申请人提出申请后著作权人出现或确有证据证明著作权人地址、联系方式的;

(二)申请人陈述的理由、提供的信息或者提交的有关证明文件不充分或者不真实。

第十五条 经审查认为申请给予强制许可的理由成立的,国家著作权主管部门应当作出给予强制许可的决定。

第十六条 给予强制许可的决定应当写明下列各项:

(一)取得强制许可的申请人的姓名或者名称、地址;

(二)被给予强制许可的作品名称,若作品无名称,则提供足以辨明作品的详细描述;

(三)著作权人相关信息;

(四)给予强制许可的范围和期限;

(五)决定的事实、理由和法律依据;

(六)强制许可使用费的数额;

(七)国家著作权主管部门的印章及负责人签字;

(八)决定的日期;

(九)其他有关事项。

给予强制许可的决定应当自作出之日起 5 日内通知申请人。

第十七条 国家著作权主管部门根据《著作权法》第五十一条作出给予强制许可的决定的,还应当在该决定中明确下列要求:

(一)申请人必须通过证据证明在使用作品之前,对被使用作品的著作权人进行了尽力查找,但未能找到著作权人;

(二)申请人必须将归属权归于著作权人;

(三)被使用作品的公共传播都应含有"孤儿作品"标记,其设计及使用标准由国家版权局决定。

第十八条 由国家著作权主管部门制定孤儿作品的使用费收取标准。国家著作权主管部门应当根据下列因素制定使用费收取标准：

（一）孤儿作品的使用期限、使用方式和地域范围；

（二）作品复制件的建议零售价；

（三）同类作品的通行版税标准；

（四）订立强制许可使用合同和收取使用费工作的繁简程度。

第十九条 国家著作权主管部门应当自收到申请书之日起15日内决定强制许可使用费的数额。申请人对国家著作权主管部门决定的使用费数额不服，可在其知晓被授予强制许可证之日起6个月内，对裁定的使用费数额提出异议申请。

第二十条 有下列情形之一的，强制许可自动终止：

（一）强制许可期限届满；

（二）被给予强制许可的作品的著作权期限届满。

第二十一条 著作权人重新出现，可以向国家著作权主管部门申请终止强制许可的，应当提交终止强制许可申请书，写明下列各项：

（一）著作权人的姓名或者名称、地址；

（二）作品名称，若作品无名称，则提供足以辨明作品的详细描述；

（三）著作权人的国籍或者注册的国家或者地区；

（四）申请终止的给予强制许可决定的文号；

（五）申请终止强制许可的理由和事实；

（六）著作权人的签字或者盖章。

第二十二条 终止强制许可的请求有下列情形之一的，不予受理并通知申请人：

（一）申请人不是被给予强制许可的作品的著作权人；

（二）未写明请求终止的给予强制许可决定的文号；

（三）申请文件未使用中文；

（四）明显不具备终止强制许可的理由。

第二十三条 经审查认为申请终止强制许可的理由不成立的，国家著作权主管部门应当作出驳回终止强制许可请求的决定。

第二十四条 经审查认为请求终止强制许可的理由成立的，国家著作权主管部门应当作出终止强制许可的决定。终止强制许可的决定应当写明下列各项：

（一）著作权人的姓名或者名称、地址；

（二）取得强制许可的单位或者个人的名称或者姓名、地址；

（三）被给予强制许可的作品名称，若作品无名称，则提供足以辨明作品的详细描述；

（四）给予终止强制许可的决定的文号；

（五）决定的事实和法律依据；

（六）国家著作权主管部门的印章及负责人签字；

（七）决定的日期；

（八）其他有关事项。

终止强制许可的决定应当自作出之日起5日内通知著作权人和取得强制许可的单位或者个人。

第二十五条 已经生效的给予强制许可的决定和终止强制许可的决定，以及强制许可自动终止的，应当在版权登记簿上登记并在版权公报上公告。

第二十六条 在以下情况下，国家著作权主管部门可以撤销许可证：

（一）被许可人未能在许可证设定的期限内或应被许可人申请得以延长的期限内生产和出版作品；

（二）许可证是基于对重要事实的欺诈或歪曲而获得的。

第二十七条 当事人对国家著作权主管部门关于强制许可的决定不服的，可以依法申请行政复议或者提起行政诉讼。

第三章　孤儿作品使用费的提存

第二十八条　取得孤儿作品强制许可的单位或者个人应当向国家著作权主管部门指定的提存机关提存使用费。

第二十九条　提存申请人应当填写提存申请表,并向提存机关提交下列材料:

(一)申请人的身份证明;

(二)孤儿作品强制许可证复印件;

(三)著作权人下落不明的有关证明材料;

(四)著作权人姓名(名称);

(五)提存机关认为应当提交的其他材料。

第三十条　符合下列条件的申请,提存机关应当受理:

(一)申请人对提存受领人负有支付孤儿作品使用费的义务;

(二)孤儿作品著作权人不清、地址不详;

(三)申请表及材料基本齐全。

提存机关应在收到申请之日起3日内作出受理或不予受理的决定。不予受理的,应当告知申请人对不予受理不服的复议程序。

第三十一条　提存机关应当审查下列内容:

(一)申请人所提交的材料是否齐全,内容是否属实;

(二)请求提存的原因和事实是否属实。

对于符合条件的,提存机关应当予以提存。不符合条件的,提存机关应当拒绝办理提存,并告知申请人对拒绝提存不服的复议程序。

第三十二条　提存机关应当自提存之日起3日内出具提存通知书。著作权人不清或下落不明、地址不详无法送达通知的,提存机关应自提存之日起60内,以公告方式通知。

第三十三条　从提存之日起,超过20年无人领取的提存标的物，视为无主财产；提存机关应在扣除提存费用后将其余额上缴国库。

第四章 著作权人重现

第三十四条 重现的著作权人可以向提存机关申请领取提存的使用费，领取使用费应提供身份证明、提存通知书或公告，以及有关著作权的证明。身份证明包括著作权人姓名、作品标题或说明、著作权人联络方式等能够证明著作权人身份的足量的信息。

第三十五条 重现的著作权人可以根据本办法第二十一条的规定向国家著作权主管部门提出终止强制许可的申请。

第三十六条 重现的著作权人对国家著作权主管部门决定的使用费数额不服，可在其知晓被授予强制许可证之日起 6 个月内，对裁定的使用费数额提出行政上的异议申请。

第三十七条 若重现的著作权人认为使用者对孤儿作品的演绎，构成对孤儿作品的歪曲、篡改，对其名誉造成损害的，可以向人民法院起诉。

附录二　中英文术语对照表

alienation of copyright	著作权的转让
anonymous works	匿名作品
Collective Management Organization, CMO	集体管理组织
compulsory license of copyright	著作权的强制许可使用
databases	数据库
derivative works	衍生作品
executive administration of Copyright	著作权的行政管理
Extended Collective Licensing, ECL	延伸性集体管理
fair use of copyright	著作权的合理使用
good faith diligent search	尽力查找
injunctive relief	禁令救济
license of copyright	著作权的许可使用
limitation on liability	限制责任
mass digitization	大规模定制
nonprofit institutions	非营利性组织
notice of use	使用声明
orphan works	孤儿作品
opt – out	退出机制
out – of – commerce works	非流通作品（绝版作品）

pseudonymous works	笔名作品
royalty	版税
safe harbor	安全港
statutory license of copyright	著作权的法定许可使用
succession	著作权的继承
utility of copyright	著作权的利用
voluntary agreements	自愿协议

附录三　部分国家和地区关于孤儿作品立法的对比总结

国家或地区	类型	符合条件的使用者	符合条件的作品	批准用途	调查标准	孤儿作品登记处，数据库，档案馆	再出现的著作权人的权利
加拿大	加拿大版权委员会授予的非独家许可	任何表明他/她在找寻著作权人时做出了尽职努力但未找到著作权人的使用者	已出版作品、演出、已出版音像作品	加拿大版权法中第3、15、18、21条中列出的使用	申请者必须满足版权委员会要求：为寻找著作权人做出了“尽职努力”	版权委员会保存已发出许可的数据库	许可过期后五年内，著作权人应收取版税，或未收到付款时，在具有有效管辖权的法院提起诉讼
欧盟	著作权有限例外	对公众开放的图书馆，教育机构，博物馆，档案馆，电影或音像遗产机构，欧盟成员国的公共广播机构	已出版的书面作品、电影或视听作品及受益机构持有的录音；从未出版或播放的	1. 将作品对公众公开；2. 出于数字化、公开、索引、登记、保存或存储目的对作品进	通过查阅作品种类及著作权作品的来源进行诚信的“尽职调查”。	内部市场协调办公室保存，只对公众公开的在线数据库	著作权人有权获得合理赔偿；要考虑到文化目标的提升，使用的非商业性及可能对著作权人造成的损害；可能会

续表

国家或地区	类型	符合条件的使用者	符合条件的作品	批准用途	调查标准	孤儿作品登记处，数据库，档案馆	再出现的著作权人的权利
			作品，但已被机构公开。包括或含有已覆盖作品中一部分的作品	行复制。使用应当与机构获得公共利益的使命相关	使用者至少应查阅指导附件中列出的来源		为作品的孤儿现状画上句号
匈牙利	集中许可，非独家，不可转移，有效期不超过5年。该许可不允许再许可及/或修订作品	所有进行了尽职调查并将调查证据及计划使用信息提交给匈牙利知识产权局的使用者	有著作权的且不属于集体权利管理的作品。若该作品归集体组织管理，但著作权人选择退出，作品被转移到了未知地区，则匈牙利知识产权局对其进行许可	无集体权利管理的商业或非商业使用	申请者应提交证据，证明其为辨明所有者身份及所处地点开展调查，该调查并未得出结果	匈牙利知识产权局保存已发出的许可的数据库	著作权人有权得到合理赔偿，数额由匈牙利知识产权局根据范围，使用模式及其他使用条件决定。 存放在匈牙利知识产权局的资金将于5年后转至国家文化基金的收费协会，著作权人无法再领取。 著作权人可以收回允许使用作品

续表

国家或地区	类型	符合条件的使用者	符合条件的作品	批准用途	调查标准	孤儿作品登记处，数据库，档案馆	再出现的著作权人的权利
							的许可，但基于许可使用的作品可能会被允许继续使用，使用期限至许可滞留期，至多一年。 著作权人可以通过法律程序解决金额纠纷
印度	强制许可，有效期根据许可而不同	申请许可的人	任何未出版作品，或印度公众不可见的出版作品及传播作品，作者不在世、未知或无法找到的作品	出版或对公众传播该作品或其译本	申请者应在印度多数地区出版的英语日报上发表作品使用申请。若申请出版的为译本，申请者则应在译语日报上也发表申请。申请者应提交有许可申请的报纸	授予许可事宜将公布在政府公报及版权局网站。许可的副本将会发至所有当事人	版权委员会决定申请人存留的版税数额。委员会应根据作品及其他相关事宜考虑版税的现行标准。 著作权人可以在任何时候索求版税

续表

国家或地区	类型	符合条件的使用者	符合条件的作品	批准用途	调查标准	孤儿作品登记处，数据库，档案馆	再出现的著作权人的权利
日本	文化厅(ACA)厅长准予许可	所有对著作权人进行了调查且向文化厅提交了调查证据及计划使用信息的使用者	已出版的作品或“明显已向公众公开了很长一段时间”的作品”	许可准许/列举的使用	强制令中列出了“尽职”调查的具体要求，包括： 查阅出版物及其他文化厅列举的有关著作权人的材料。 要求版权管理机构及其他文化厅列举的机构及持有著作权的机构。 通过在日报上发布广告或通过其他文化厅提出的方法寻找信息。 使用以上及其他渠道获得的信息尝试联系著作权人	在发出许可后，文化厅发出公告：该许可已经被发表在政府公报上	文化厅与文化委员会负责决定赔偿数额，赔偿数额多少根据基本版税率决定。著作权人可以在明确许可已经发出后的六周内对许可费用表示反对

续表

国家或地区	类型	符合条件的使用者	符合条件的作品	批准用途	调查标准	孤儿作品登记处，数据库，档案馆	再出现的著作权人的权利
韩国	文化、体育及旅游部长准予许可	所有努力找寻著作权人，准备赔偿金，及得到文化、体育及旅游部长许可的使用者	通过公开表演、广播、展览、出版或其他方式向公众公开的作品（不包括外国作品）	许可准许/列举的使用	对于著作权人的调查应该是在努力之后失败了，且满足以下要求： 版权局长考察及版权信任管理调查未取得结果。 文化、体育及旅游部在一般性日报或官方网站及信息搜索系统上发表相关声明10日后得以通过	文化、体育及旅游部保存已发出的许可的数据库	著作权人有权以许可费的形式得到合理赔偿——数额由文化、体育及旅游部决定。著作权人可以通过向文化、体育及旅游部提交反对意见，拒绝任何要求使用其作品的申请

续表

国家或地区	类型	符合条件的使用者	符合条件的作品	批准用途	调查标准	孤儿作品登记处，数据库，档案馆	再出现的著作权人的权利
英国(英国法律中的相关条例与微调后的欧盟指令及英国延伸性集体许可条例共同生效)	授予的非独家许可，有效期不超过7年。 不允许再许可	所有开展了针对著作权人的调查且提交了尽职调查记录及计划使用信息，声明书且向机构（专利、设计及商标总审计长）提交了使用费的使用者	所有受到著作权保护的作品或相关内容	英国所有许可中允许/列举的使用，及受到著作权人独家权利保护的使用	使用者必须进行“尽职调查”，或引述已有的与计划使用及相关作品有关的尽职调查。 最低要求包括对欧洲内部市场协调局注册处的调查，及在执行了欧盟指令的英国法规中列出的各类资源清单。 审计官应就与某类作品的尽职调查相关的其他资源发布一个准则	审计官保存已发出的许可的数据库	著作权人有权获得许可费——计算许可费时应考虑其他相同的非孤儿作品的许可市场——在首次使用的8年内。根据情况，8年后可以得到合理数额。 使用者可在许可有效期限内或在许可通知期限到期之前继续其使用

续表

国家或地区	类型	符合条件的使用者	符合条件的作品	批准用途	调查标准	孤儿作品登记处,数据库,档案馆	再出现的著作权人的权利
美国2015年立法提案	司法救济限制	所有寻求使用受著作权保护的作品的许可,且在尽职调查之后无法辨明并找到所有者的使用者	所有(已出版及未出版的)受著作权保护的作品	所有(商业性及非商业性)使用	使用者必须在侵权行为开始或即将开始之前,“进行合理状况下的尽职调查”以找到著作权人。 尽职努力要求至少做到以下几点:调查版权局在线记录;可查阅的作者及所有者信息;使用技术工具,合理的专家协助;使用适当的数据库。还应包括合理的且与调查有关的行为	版权局应建立并维护使用声明档案馆及版权局规定许可的相关文件。 使用声明文件应包括:作品类型,作品描述,合格调查总结,其他用于辨认作品的元素,作品来源(若是网站,则包括URL及日期),诚信尽职调查证明,侵权人姓名,使用说明	金钱救济: 合理赔偿(在侵权行为开始之前,自愿买家及卖家就其数额达成的一致意见)。 当使用者为非营利性公共利益机构,将作品用于非商业性、教育性、慈善性及宗教目的,且使用者在收到侵权使用声明后即刻停止使用时,该条例不适用。

续表

国家或地区	类型	符合条件的使用者	符合条件的作品	批准用途	调查标准	孤儿作品登记处，数据库，档案馆	再出现的著作权人的权利
							禁令救济： 需考虑禁令对侵权者带来的损害，因为侵权者非常依赖责任限制。 若使用者准备或开始准备创作衍生作品，并使用了大量原创表达，且使用者按照要求提供了赔偿并将作品归为所有者所有，则法院不得禁止（当作者因名誉损失寻求禁令救济时不适用）

资料来源：根据美国版权局2015年《孤儿作品与大规模数字化：著作权登记报告》译编、绘制。

注：1. 本表是对适用法律的高度总结。详细信息请查询具体法律条文。

2. 引证基于现有的公共信息。

3. 非英语语种的引用是基于最近英文译本版本，包括非官方翻译。

参考文献

一、中文参考文献

(一)中文著作类

1. [澳]彼得·德霍斯:《知识产权法哲学》,周林译,商务印书馆 2008 年版。

2. [澳]布拉德·谢尔曼、[英]莱昂内尔·本特利:《现代知识产权法的演进》,金海军译,北京大学出版社 2006 年版。

3. [澳]普拉蒂普·N. 托马斯:《亚洲知识产权与传播》,高蕊译,清华大学出版社 2009 年版。

4. [德]雷炳德:《著作权法》,张恩民译,法律出版社 2005 年版。

5. [德]马克西米利安·福克斯:《侵权行为法》,齐晓琨译,法律出版社 2006 年版。

6. [德]托马斯·莱赛尔:《法社会学基本问题》,王亚飞译,法律出版社 2014 年版。

7. [加]迈克尔·盖斯特:《为了公共利益——加拿大版权法的未来》,李静译,知识产权出版社 2008 年版。

8. [美]保罗·戈斯汀:《著作权之道——从古登堡到数字点播机》,金海军译,北京大学出版社 2008 年版。

9. [美]道格拉斯·诺斯:《制度、制度变迁与经济绩效》,杭行译,格致出版社 2008 年版。

10. [美]道格拉斯·诺斯:《理解经济变迁过程》,钟正生等译,中国人民大学出版社 2008 年版。

11. [美]罗纳德·V. 贝蒂格:《版权文化——知识产权的政治经济学》,沈国麟译,清华大学出版社 2009 年版。

12. [美]罗斯科·庞德:《通过法律的社会控制》,沈宗灵译,商务印书馆 2008 年版。
13. [德]图比亚斯·莱特:《德国著作权法》(第 2 版),张怀岭等译,中国人民大学出版社 2019 年版。
14. [美]威廉·M. 兰德斯、理查德·A. 波斯纳:《知识产权法的经济结构》(第 2 版),金海军译,北京大学出版社 2016 年版。
15. [美] 理查德·A. 波斯纳:《法律与文学》,李国庆译,中国政法大学出版社 2002 年版。
16. [美]希瓦·维迪亚那桑:《著作权保护了谁》,陈宜君译,台北,商周出版社 2003 年版。
17. [美]约翰·冈茨、杰克·罗切斯特:《数字时代盗版无罪?》,周晓琪译,法律出版社 2008 年版。
18. [日]田村善之:《日本现代知识产权法理论》,李扬等译,法律出版社 2010 年版。
19. [匈]米哈依·菲彻尔:《版权法与因特网》,郭寿康等译,中国大百科全书出版社 2009 年版。
20. [英]安东尼·奥格斯:《规制:法律形式与经济学理论》,骆梅英译,中国人民大学出版社 2008 年版。
21. 蔡惠如:《著作权之未来展望》,台北,元照出版有限公司 2007 年版。
22. 陈郁主编:《企业制度与市场组织——交易费用经济学文选》,上海三联书店 2006 年版。
23. 崔国斌:《知识产权前沿问题研究》,法律出版社 2015 年版。
24. 陈传夫等:《图书馆发展中的知识产权问题研究》,中国人民大学出版社 2015 年版。
25. 冯晓青:《知识产权法利益平衡理论》,中国政法大学出版社 2006 年版。
26. 冯晓青:《知识产权法哲学》,中国人民公安大学出版社 2003 年版。
27. 高富平:《信息财产——数字内容产业的法律基础》,法律出版社 2009 年版。
28. 何珊君:《法社会学》,北京大学出版社 2013 年版。

29. 胡开忠:《知识产权法比较研究》,中国人民公安大学出版社 2004 年版。
30. 黄海峰:《知识产权的话语与现实——版权、专利与商标史论》,华中科技大学出版社 2011 年版。
31. 黄丽萍:《知识产权强制许可制度研究》,知识产权出版社 2012 年版。
32. 靳学军、宋鱼水:《互联网的理性与秩序》,人民法院出版社 2006 年版。
33. 孔祥俊:《知识产权法律适用的基本问题——司法哲学、司法政策和裁判方法》,中国法制出版社 2013 年版。
34. 来小鹏:《版权交易制度研究》,中国政法大学出版社 2009 年版。
35. 赖文智:《数位著作权法》,台北,翰芦图书出版有限公司 2003 年版。
36. 赖文智:《图书馆与著作权法》,台北,益思科技法律事务所 2002 年版。
37. 李明德:《美国知识产权法》,法律出版社 2003 年版。
38. 李明德:《欧盟知识产权法》,法律出版社 2010 年版。
39. 林立:《波斯纳与法律经济分析》,上海三联书店 2005 年版。
40. 李扬:《知识产权法基础理论》,中国社会科学出版社 2010 年版。
41. 李宗辉:《历史视野下的知识产权制度》,知识产权出版社 2015 年版。
42. 刘澎:《美国知识产权要案精编》,京华出版社 2007 年版。
43. 梅术文:《著作权法:原理、规范和实例》,知识产权出版社 2014 年版。
44. 邵燕:《孤儿作品著作权问题研究》,法律出版社 2017 年版。
45. 唐广良、董炳和:《知识产权的国际保护》,知识产权出版社 2002 年版。
46. 王迁、[荷]Lucie Guibault:《中欧网络版权保护比较研究》,法律出版社 2008 年版。
47. 王迁:《网络环境中的著作权保护研究》,法律出版社 2011 年版。
48. 王迁:《著作权法》,中国人民大学出版社 2015 年版。
49. 王太平:《知识产权法律原则》,法律出版社 2004 年版。
50. 韦之:《知识产权论》(第 2 卷),知识产权出版社 2014 年版。
51. 吴汉东:《著作权合理使用制度研究》(修订版),中国政法大学出版社 2005 年版。
52. 吴伟光:《数字技术环境下版权法的危机与对策》,知识产权出版社 2008 年版。

53. 熊琦:《著作权激励机制的法律构造》,中国人民大学出版社 2011 年版。
54. 薛虹:《数字技术的知识产权保护》,知识产权出版社 2002 年版。
55. 姚鹤徽:《数字网络时代著作权保护模式研究》,中国人民大学出版社 2018 年版。
56. 张民元:《智慧的较量:知识产权战略践行者》,法律出版社 2016 年版。
57. 张文显:《法哲学范畴研究》,中国政法大学出版社 2001 年版。
58. 赵立:《数字化孤儿作品法律问题研究》,经济日报出版社 2015 年版。
59. 郑成思:《版权法》,中国人民大学出版社 2009 年版。
60. 郑友德、李雅琴主编:《知识产权法》,高等教育出版社 2009 年版。
61. 郑友德:《知识产权与公平竞争的博弈——以多维创新为坐标》,法律出版社 2011 年版。
62. 祝建军:《知识产权疑难案件裁判思维》,法律出版社 2015 年版。

(二)中文期刊类

1. [比利时]M. 比伊当、塞弗里纳 · 迪索利耶:《数字环境下的版权和信息的获取》,黄宝祥译,载《版权公报》2000 年第 4 期。
2. [德]西尔克 · 凡 · 莱温斯基:《专有权的非自愿性集体管理——与国际版权法和欧盟版权法兼容性的案例研究》,刘跃伟译,载《版权公报》2004 年第 1 期。
3. [法] 洛朗 · 杜维利埃:《法国文学家协会——多媒体作者协会面临数字技术的挑战——集体管理面临挑战》,康黎光、彭冬林译,载《著作权》1997 年第 4 期。
4. 秦珂:《我国图书馆“孤儿作品”利用中的版权问题分析》,载《图书馆建设》2014 年第 1 期。
5. [日]北川善太郎:《网上信息、著作权与契约》,载《外国法译评》1999 年第 3 期。
6. 曹世华:《论数字时代技术创新与著作权集体管理制度的互动》,载《法学评论》2006 年第 1 期。
7. 曹世华:《著作权集体管理组织版权使用费标准争议解决机制探讨》,载《电子知识产权》2009 年第 1 期。

8. 陈凤兰:《数字环境下著作权集体管理组织角色重构》,载《中国出版》2013 年第 1 期。
9. 陈继华、张永平、汪玲:《网络时代著作权法定许可与默示许可的思考》,载《科技与出版》2004 年第 6 期。
10. 陈晓屏:《加拿大孤儿作品强制许可制度研究》,载《图书馆建设》2020 年第 2 期。
11. 董慧娟:《孤儿作品的利用困境与现行规则评析》,载《中国出版》2010 年第 9 期。
12. 杜铂伦、黄光辉:《孤儿作品的保护与利用危机及其解决方案刍议》,载《电子知识产权》2013 年第 3 期。
13. 冯晓青:《知识共有物、洛克劳动学说与知识产权制度的正当性》,载《金陵法律评论》2003 年第 1 期。
14. 冯晓青:《著作权法目的与利益平衡论》,载《科技与法律》2004 年第 3 期。
15. 冯晓青:《著作权法与公共利益再论》,载《人民司法》2007 年第 7 期。
16. 高思:《1998 年德国著作权集体管理协会发展状况》,载《著作权》1999 年第 4 期。
17. 管育鹰:《欧美孤儿作品问题解决方案的反思与比较——兼论我国〈著作权法〉相关条款的修改》,载《河北法学》2013 年第 6 期。
18.《〈2006 年孤儿作品法案〉议案及〈2008 年孤儿作品法案〉议案》,韩莹莹译,支振锋校,载《环球法律评论》2009 年第 1 期。
19. 胡开忠、赵加兵:《英国版权例外制度的最新修订及启示》,载《知识产权》2014 年第 8 期。
20. 胡开忠:《使用作品付酬标准探析》,载《法商研究》2012 年第 1 期。
21. 黄旭春:《浅析美国 2008 年孤儿作品议案》,载《电子知识产权》2009 年第 7 期。
22. 吉宇宽:《图书馆使用孤儿作品著作权侵权控制研究》,载《图书馆工作与研究》2014 年第 5 期。
23. 焦广田:《俄罗斯著作权集体管理组织——俄罗斯著作权协会》,载《著作权》1995 年第 4 期。

24. 金璐、刘青:《推进孤儿作品公共获取的解决之道》,载《图书情报工作》2010 年第 9 期。
25. 赖洪川、赵瑞华:《论版权保护与言论自由的平衡与冲突——从 Eldred v. Ashcroft 案看美国版权扩张法案对宪法第一修正案的冲击》,载《暨南学报(人文科学与社会科学版)》2005 年第 4 期。
26. 李丹:《网络环境下数字图书馆建设与发展途径探析》,载《甘肃科技纵横》2010 年第 3 期。
27. 李梦晓:《创作者与使用者的利益再平衡——丹麦著作权延伸集体许可制度探析》,载《社会科学家》2014 年第 10 期。
28. 李陶:《非会员作品著作权集体管理模式的选择与重构——以德国法为借鉴》,载《法商研究》2015 年第 3 期。
29. 李陶:《垄断性著作权集体管理组织的价值基础与监督完善》,载《知识产权》2016 年第 6 期。
30. 李婉萍:《加拿大、日本关于著作权人不明或失联时之法定授权制度介绍》,载《科技法律透析》2005 年第 3 期。
31. 李宇:《著作权法视野下的 Google 图书和解协议解读:兼论网络环境下著作权授权模式的理性选择》,载《图书馆杂志》2010 年第 6 期。
32. 李雨峰:《版权法上公共领域的概念》,载《知识产权》2007 年第 5 期。
33. 李雨峰:《版权法上基本范畴的反思》,载《知识产权》2005 年第 1 期。
34. 李雨峰:《论著作权的宪法基础》,载《法商研究》2006 年第 4 期。
35. 李致:《数字环境下孤儿作品的版权保护》,载《江淮论坛》2013 年第 4 期。
36. 梁志文:《摄影作品的独创性及其版权保护》,载《法学》2014 年第 6 期。
37. 梁志文:《著作利益的分享与强制许可制度》,载《中国社会科学院研究生院学报》2008 年第 2 期。
38. 刘波林:《简论著作权集体管理关系》,载《著作权》1996 年第 4 期。
39. 刘家瑞:《论著作权法修改的市场经济导向——兼论集体管理、法定许可与孤儿作品》,载《知识产权》2016 年第 5 期。
40. 刘剑文、王清:《关于版权客体分类方法与类型的比较研究》,载《比较法研究》2003 年第 1 期。
41. 刘宁:《试论我国孤儿作品的著作权法律保护》,载《电子知识产权》2013 年第 7 期。
42. 刘文杰:《微博平台上的著作权》,载《法学研究》2012 年第 6 期。
43. 卢海君、洪毓吟:《著作权延伸性集体管理制度的质疑》,载《知识产权》2013 年第 2 期。
44. 罗向京:《集体管理:信息技术与著作权制度的相谐之点》,载《河北法学》2009 年第 9 期。
45. 吕炳斌:《区块链技术能否解决"孤儿作品"难题》,载《人民论坛 · 学术前沿》2020 年第 5 期。
46. 马海群、王英、刘斐:《数字图书馆信息网络传播的法定许可制度研究》,载《情报资料工作》2010 年第 4 期。
47. 马一德:《再现摄影作品之著作权认定》,载《法学研究》2016 年第 4 期。
48. 马治国、赵龙:《价值冲突:公共领域理论的式微与著作权扩张保护的限度》,载《山东社会科学》2020 年第 10 期。
49. 孟兆平:《互联网时代孤儿作品的利用困境及其解决机制》,载《电子知识产权》2013 年第 7 期。
50. 米健:《法律交易论》,载《中国法学》2004 年第 2 期。
51. 米梓源等:《国外孤儿作品合理使用问题的评介与思考——以日本、欧盟的法理思考为例》,载《图书馆杂志》2019 年第 9 期。
52. 倪静:《我国著作权集体管理组织许可使用费决定机制检讨与改革》,载《河南财经政法大学学报》2012 年第 2 期。
53. 欧阳爱辉:《大数据时代图书馆孤儿作品利用的合理勤勉查找规则》,载《图书馆》2016 年第 8 期。
54. 孙国华、黄金华:《论法律上的利益选择》,载《法律科学》1995 年第 4 期。
55. 孙国华:《论法与利益之关系》,载《中国法学》1994 年第 4 期。
56. 孙新强:《论著作权的起源、演变与发展》,载《学术界》2000 年第 3 期。
57. 唐蕾:《图书馆馆藏资源数字化过程中孤儿作品利用问题——对合理

勤勉检索义务的探究》,载《图书馆杂志》2016 年第 9 期。
58. 王本欣、樊雁:《图书馆孤儿作品数字化著作权问题的解决方案——以欧美孤儿作品立法进程为视角》,载《图书馆建设》2014 年第 4 期。
59. 王本欣:《“三步检验法”对图书馆适用合理使用制度的影响》,载《图书馆杂志》2013 年第 5 期。
60. 王本欣:《孤儿作品利用强制许可模式的通用性与差异性——以日本和加拿大著作权法为例》,载《图书馆论坛》2016 年第 6 期。
61. 王宏军:《论作为排他权与支配权的知识产权——从与物权比较的视角》,载《知识产权》2007 年第 5 期。
62. 王迁:《“孤儿作品”制度设计简论》,载《中国版权》2013 年第 1 期。
63. 王迁:《“索尼案”20 年祭——回顾、反思与启示》,载《科技与法律》2004 年第 6 期。
64. 王清、陈凌云:《中美版权法之公益图书馆豁免制度比较》,载《图书馆杂志》2008 年第 9 期。
65. 王杰:《基于 CNKI 期刊数据库的我国孤儿作品研究文献分析》,载《情报探索》2018 年第 1 期。
66. 王国柱:《著作权“选择退出”默示许可的制度解析与立法构造》,载《当代法学》2015 年第 3 期。
67. 王轶:《民法价值判断问题的实体性论证规则》,载《中国社会科学》2004 年第 6 期。
68. 王英:《数字著作权和著作权集体管理的数字化》,载《图书馆学刊》2009 年第 4 期。
69. 王晓君:《科斯定理维度的孤儿作品利用困境解析》,载《贵州师范大学学报(社会科学版)》2020 年第 6 期。
70. 吴海涛:《芬兰的版权管理和版权业》,载《著作权》1993 年第 1 期。
71. 吴汉东:《〈著作权法〉第三次修改的背景、体例和重点》,载《法商研究》2012 年第 4 期。
72. 吴汉东:《论财产权体系》,载《中国法学》2005 年第 2 期。
73. 吴汉东:《文化多样性的主权、人权与私权问题分析》,载《法学研究》2007 年第 6 期。

74. 吴汉东:《知识产权本质的多维度解读》,载《中国法学》2006 年第 5 期。
75. 吴晓萍、周显志:《创作共用:一种新的鼓励自由创作的版权许可制度》,载《知识产权》2006 年第 3 期。
76. 吴雨辉:《新媒体版权产业推动下的版权规则重构》,载《知识产权》2016 年第 7 期。
77. 魏钢泳:《印度图书馆版权例外制度述评》,载《图书馆杂志》2019 年第 12 期。
78. 夏扬:《法律移植、法律工具主义与制度异化——以近代著作权立法为背景》,载《政法论坛》2013 年第 4 期。
79. 肖少启:《美国孤儿作品的版权立法及其对我国的启示》,载《图书情报工作》2016 年第 7 期。
80. 肖少启:《我国无主作品著作权保护的路径选择与制度构建》,载《政治与法律》2016 年第 8 期。
81. 肖志远:《版权制度的政策蕴含及其启示》,载《法学》2009 年第 10 期。
82. 谢地、刘佳丽:《国外自然垄断行业政府监管机制研究述评》,载《经济社会体制比较》2012 年第 1 期。
83. 熊琦:《大规模数字化与著作权集体管理制度创新》,载《法商研究》2014 年第 2 期。
84. 熊琦:《互联网产业驱动下的著作权规则变革》,载《中国法学》2013 年第 6 期。
85. 熊琦:《著作权法定许可的正当性解构与制度替代》,载《知识产权》2011 年第 6 期。
86. 熊琦:《著作权法定许可制度溯源与移植反思》,载《法学》2015 年第 5 期。
87. 熊琦:《著作权公共许可的功能转型与立法应对》,载《交大法学》2015 年第 1 期。
88. 熊琦:《著作权集体管理制度本土价值重塑》,载《法制与社会发展》2016 年第 3 期。
89. 熊琦:《著作权许可的私人创制与法定安排》,载《政法论坛》2012 年第

6 期。
90. 熊文聪:《司法裁量中的价值取舍与修辞技艺——以著作权法为例证》,载《知识产权》2012 年第 1 期。
91. 徐海霞、元真富:《论数字图书馆版权许可问题的立法对策》,载《情报杂志》2005 年第 4 期。
92. 徐瑄:《平衡点:关于知识产权的对价理论》,载《新华文摘》2004 年第 15 期。
93. 徐瑄:《视域融合下的知识产权诠释》,载《中国社会科学》2011 年第 5 期。
94. 徐瑄:《知识产权的正当性——论知识产权法中的对价与衡平》,载《中国社会科学》2003 年第 4 期。
95. 许辉猛:《数字图书馆建设背景下孤儿作品查找机制研究》,载《图书馆论坛》2014 年第 12 期。
96. 闫冬:《浅析数字图书馆的法律属性》,载《法治与社会》2008 年第 12 期。
97. 杨红军:《版权禁令救济无限制适用的反思与调适》,载《法商研究》2016 年第 3 期。
98. 杨佩霞:《论版权制度下孤儿作品的保护》,载《中国版权》2012 年第 3 期。
99. 杨晓蓉:《欧洲联盟孤儿作品问题的解决对策——〈孤儿作品指令 2012/28/EU〉解析》,载《图书馆建设》2014 年第 7 期。
100. 杨雁:《版权问题新思路:知识共享协议》,载《新世纪图书馆》2008 年第 6 期。
101. 于平安:《法国著作权集体管理机构概况》,载《著作权》1999 年第 4 期。
102. 袁泽清:《论孤儿作品的利用与保护》,载《西南民族大学学报(人文社科版)》2008 年第 2 期。
103. 张沁:《对文化消费可持续发展的思考》,载《宏观经济管理》2004 年第 4 期。
104. 张润、李劲松:《利益平衡视角下人工编创使用行为的法律定性与保护路径研究》,载《出版发行研究》2020年第11期。
105. 章忠信:《美国一九九八年数位化千禧年著作权法案简介》,载《万国法律》1999年第10期。
106. 赵宾:《个人授权模式的兴起与著作权集体管理制度的变革》,载《河南社会科学》2009年第3期。
107. 赵力:《孤儿作品法理问题研究——中国视野下的西方经验》,载《河北法学》2012年第5期。
108. 赵力、刘红卫等:《区块链技术下〈公共图书馆法〉的实施研究》,载《图书馆学研究》2020年第9期。
109. 赵锐:《论孤儿作品的版权利用——兼论〈著作权法〉(修改草案)第25条》,载《知识产权》2012年第6期。
110. 郑成思、朱谢群:《信息与知识产权的基本概念》,载《科技与法律》2004年第2期。
111. 周俊强、胡坚:《知识产权的本质及属性探析》,载《知识产权》2005年第2期。
112. 周艳敏、宋慧献:《关于孤儿作品著作权问题的立法设想》,载《电子知识产权》2011年第3期。
113. 周艳敏:《无主著作权财产:国有还是公有?——从〈我的前半生〉的权属争议到我国〈著作权法〉的修改》,载《出版发行研究》2008年第4期。
114. 周月:《我国数字图书馆版权授权模式完善的途径》,载《高校图书馆工作》2009年第4期。
115. 朱理:《后时代版权限制和例外的国际标准——专家组首例版权争端裁决之下的三步测试法及其未来》,载《知识产权》2006年第1期。
116. 朱谢群:《知识产权的法理基础》,载《知识产权》2004年第5期。

二、外文文献

(一)外文著作类

1. Aplin, Tanya Frances, *Copyright law in the Digital Society: The Challenges of Multimedia*, Hart Publishing, 2005.
2. Burrell Robert, *Copyright Exceptions: The Digital Impact*, Cambridge Uni-

versity Press,2006.

3. Catherine Seville,*The Internationalization of Copyright Law*, Cambridge University Press,2005.

4. Dbrassinower,Abrahan,*What' s Wrong with Copying?*,Harvard University Press,2015.

5. Derclaye Estelle,*Copyright and Cultural Heritage: Preservation and Access to Works in a Digital World*,Edward Elgar Press,2011.

6. Fiona Macmillan,*New Directions in Copyright Law*,Edward Elgar Publishing Inc. ,2006.

7. Hugn Hansen,*U. S. Intellectual Property Law and Policy*, Edward Elgar Publishing Inc. ,2006.

8. Irini A. Stamatoudi,*Copyright and Multimedia Products: A Comparative Analysis*,Cambridge University Press,2002.

9. Sam RicketsonI,Jane Ginsburg,*International Copyright and Neighbouring Rights*,Oxford Publishing,2006.

(二)外文期刊类

1. Angel Siegfried Diaz,*Fair Use &Mass Digitization: The Future of Copy-Dependent Technologies After Authors Guild v. HathiTrust*,28 Berkeley Technology Law Journal 683 (2013).

2. Alain Strowel, *The European "Extended Collective Licensing" Model*, 2 Columbia Journal of Law & the Arts 61(2005).

3. Benjamin T. Hickman,*Can You Find a Home For This "Orphan" Copyright Work? A Statutory Solution for Copyrighted – Protected Works Whose Owners Cannot be Located*,57 Syracuse Law Review 123(2006).

4. Catherine Parrish,*Unilateral Refusals to License Software: Limitations on the Right to Exclude and the Need for Compulsory Licensing*,68 Brooklyn Law Review(2002).

5. Deborah Tussey,*From Fan Sites to Filesharing: Personal Use in Cyberspace*,35 Georgia Law Review 156(2001).

6. De Beer J. and Bouchard M. ,*Canada's 'Orphan Works' Regime: Unlo-*

catable Copyright Owners and the Copyright Board, 10 Oxford University Commonwealth Law Journal 215(2010).

7. Duncan E, Alford, *Negotiating and Analyzing Electronic License Agreements*, 7 Law Library Journal 621(2002).

8. Daniel Gervais & Dashiell Renaud, *The Future of United States Copyright Formalities: Why We Should Prioritize Recordation, and How To Do It*, 28 Berkeley Technology Law Journal 1459(2013).

9. David R. Hansen, etc. *Solving the Orphan Works Problem for the United States*, 37 Columbia Journal of Law & the Arts 1(2013).

10. Efroni, Julia, *The Google Books decision: The Authors Guild v. Google Inc., Case Comment*, 8 European Intellectual Property Review 531 (2011).

11. Fraser, Eric M., *Antitrust and the Google Books Settlement: The Problem of Simultaneity*, 4 Stanford Technology Law Review 304(2010).

12. Foged, Terese, *Licensing schemes in an on – demand world*, 32 European Intellectual Property Review 56(2010).

13. Gervais D. J., *The Purpose of Copyright Law in Canada*, 2 University of Ottawa Law and Technology Journal 316(2005).

14. Glorioso, Alessandra, *Google Books: An Orphan Works Solution?*, 38 Hofstra Law Review 971 (2010).

15. Graeme W, Austin, *Symposium: Metamorphosis of Artists' Rights in the Digital Age*, 28 The Columbia Journal of Law & the Arts 397 (2005).

16. Grimmelmann, James, *How to Fix the Google Book Search Settlement*, 12 Journal of Internet Law 11 (2009).

17. Hansen, David Robert, *Orphan Works: Definitional Issues*, 1 Berkeley Digital Library Copyright Project White Paper (2011).

18. Hansen, David Robert, *Orphan Works: Mapping the Possible Solution Spaces*, 2 Berkeley Digital Library Copyright Project White Paper (2012).

19. Hausman, Jerry A. and Sidak, J. Gregory, *Google and the Proper Anti-*

trust Scrutiny of Orphan Books, 5 Journal of Competition Law & Economics 411(2009).

20. Hetcher S, *Orphan Works and Google's Global Library Project*, 8 Wake Forest Intellectual Property Law Journal 32(2008).

21. Hilty, Reto, et al., *Comments of the Max Planck Institute for Intellectual Property and Competition Law on the Commission Proposal for a Directive on Certain Permitted Uses of Orphan Works*, 60 International Review of Intellectual Property and Competition Law 818(2011).

22. Jane C. Ginsburg, *With Untired Spirits and Formal Constancy: Berne – Compatibility of Formal Declaratory Measures to Enhance Copyright Title – Searching*, 28 Berkeley Technology Law Journal 1583(2014).

23. James T. C., *Digital Technology and Libraries: A Copyright Law Approach*, 52 Annals of Library and Information Studies 1 – 7 (2005).

24. Jane, Ginsburg, *Legal Protection of Technological Measures Protecting Works of Authorship: International Obligations and the US Experience*, 29 The Columbia Journal of Law & the Arts 11(2005).

25. Jennifer M. Urban, *How Fair Use Can Help Solve The Orphan Works Problem*, 27 Berkeley Technology Law Journal 1379 (2012).

26. Jessica Litman, *Lawful Personal Uses*, 85 Texas Law Review 1871 (2007).

27. Jonathan Band, *The Book Rights Registy in the Google Book Settlement*, 34 The Columbia Journal of Law & the Arts 671(2011).

28. Justin Hughes, *Size Matters (or Should) in Copyright Law*, 74 Fordham Law Review 575(2005).

29. Khong, Dennis W. K., *The abandoned orphan – works provision of the Digital Economy Bill*, 32 European Intellectual Property Review 560 – 564 (2010).

30. Khong, Dennis W. K., *Orphan Works, Abandonware and the Missing Market for Copyrighted Goods*, 15 International Journal of Law and Information Technology 54(2007).

31. Lang, Bernard, *Orphan Works & the Google Book Search Settlement: An International Perspective*, 55 New York. Law School Law Review 111 (2010).

32. Lev Ginsburg, *Anti – circumvention rules and fair use*, 4 Journal of Law and Technology 75(2002).

33. Iguchi N., Nozaki M., *Copyright Act Amended*, 5 Managing Intellectual Property 136(2009).

34. Lydia Pallas Loren, *Abandoning the Orphans: An Open Access Approach to Hostage Works*, 27 Berkeley Technology Law Journal 1431 (2012).

35. Mauricio Espana, *The Fallacty that Fair Use and Information should be Provide for Free: An Analysis of the Persons to the DMCA's Section* 1201, 31 Fordham Urban Law Journal 110(2003).

36. Maria A, Pallante, *Orphan Works & Mass Digitization: Obstacles & Opportunities*, 27 Berkeley Technology Law Journal 1241(2012).

37. Matthew Sag, *Ophan Works as Grist for the Data Mill*, 27 Berkeley Technology Law Journal 1503(2012).

38. Michael D. Birnhack, *The Idea of Progress in Copyright Law*, 1 Buffalo IP. Law Journal 122 (2001).

39. Mirandah G., *Copyright Law revamped for digital age*, 3 Managing Intellectual Property 135 (2009).

40. Mulligan, D. K. & Schultz, J. M., *Neglecting the National Memory: How Copyright Term Extensions Compromise the Development of Digital Archives*, 4 Journal of Appellate Practice & Process 451(2002).

41. Michael D. Birnhack, *The Idea of Progress in Copyright Law*, 1 Buffalo IP. Law. Journal 3(2001).

42. Martinez, M and Terras, M, *Not Adopted': The UK Orphan Works Licensing Scheme and How the Crisis of Copyright in the Cultural Heritage Sector Restricts Access to Digital Content*, 5(1) Open Library of Humanities 36(2019).

43. Nicola Lucchi, *Intellectual Property Rights in Digital Media: A Compara-*

tive Analysis of legal Protection, Technological Measures, and New Business Models under EU and U. S. law, 53 Buffalo Law Review 1111 (2005).

44. Pallante, Maria, *Orphan Works, Extended Collective Licensing and Other Current Issues*, 34 Columbia Journal of Law & the Arts 23 (2010).

45. Pamela Sameson, *The Public Domain: Mapping the Digital Public Domain: Threats and Opportunities*, 66 Law and Contemporary Problems 147(2003).

46. Pamela Samuelson, *Preliminary Thoughts on Copyright Reform*, 3 Utah. Law Review 553 – 554 (2007).

47. Phillips, Jeremy, *Killing the orphans*, 2 Journal of Intellectual Property Law & Practice 10(2007).

48. Picker, Randal C., *The Google Book Search Settlement: A New Orphan – Works Monopoly?*, 5 Journal of Competition Law & Economics 83 – 119 (2010).

49. Pamela Samuelson, et al., *A Manifesto Concerning the Legal Protection of Computer Programs*, 94 Columbia Law Review 2308(1994).

50. Pamela Samuelson, et al., *The Copyright Principles Project: Directions for Reform*, 25 Berkeley Technology Law Journal 1175(2010).

51. Pamela Samuelson, *Unbundling Fair Uses*, 77 Fordham Law Review 2537 (2009).

52. Patricia Greenfield, *The Changing Psychology of Culture From* 1800 *Through* 2000, 24 Psychological Sc. 1722(2013).

53. Peter Jaszi, *The Metamorphoses of' Authorship*, 41 Duke Law Journal 455 (1991).

54. Pierre N. Leval, *Toward a Fair Use Standard*, 103 Harvard Law Review 1105(1990).

55. Randal C. Picker, *Private Libraries and Orphan Works*, 27 Berkeley Technology Law Journal 1259 (2012).

56. Ringnalda, Allard, *Orphan Works, Mass Rights Clearance, and Online Li-*

braries: *The Flaws of the Draft Orphan Works Directive and Extended Collective Licensing as a Solution*, 8 Medien und Recht International 3 (2011).

57. Robert Kasunic, *Is That All There Is? Reflections on the Nature of the Second Fair UseFactor*, 31 The Columbia Journal of Law & the Arts 529 (2008).
58. Ruth Okediji, *Givers, Takers, and Other Kinds of Users*: *A Fair Use Doctrine for Cyberspace*, 53 Florida Law Review 29 (2001).
59. Ryan Andrews, *Contracting Out of the Orphan Works Problem*: *How the Google Book Search Settlement Serves as a Private Solution to the Orphan Works Problem and why it should Matter to Policy Makers*, 19 S. Cal. Interdis. Law Journal 97(2009).
60. Richard A. Posner, *Intellectual Property*: *The Law and Economics Approach*, 19 Journal of Economic Perspectives 57(2005).
61. Robert Kirk Walker, *Negotiating the Unknown*: *A Compulsory Licensing Solution to the Orphan Works Problem*, 35 Cardozo Law Review 983 (2014).
62. Robert P. Merges, *The End of Friction? Property Rights and Contract in the "Newtonian" World of Online Commerce*, 12 Berkeley Technology Law Journal 115(1997).
63. Rosemary J. Coombe, *The Properties of Culture and the Politics of Possessing Identity*: *Native Claims in the Cultural Appropriation Controversy*, 6 Canadian Journal of Law and Jurisprudence 249(1993).
64. Sage, Joel, *Revenue Streams and Safe Harbors*: *How Water Law Suggests a Solution to Copyright's Orphan Works Problem*, 16 Boston University Journal of Science & Technology Law 294(2010).
65. Samuelson, Pamela, *Legislative Alternatives to the Google Book Settlement*, 34 Columbia Journal of Law & the Arts 344 (2011).
66. Stanley M. Besen, *An Economic Analysis of Copyright Collectives*, 1 Virginia Law Review 26 (1992).

67. Stef Van Gompel, *Unlocking the Potential of Pre – existing Content: How to Address the Issue of Orphan Works in Europe*, 669 International Review of Intellectual Property And Competition Law 114 (2007).

68. Strowel, Alain, *The European "Extended Collective Licensing" Model*, 34 The Columbia Journal of Law & the Arts 665(2011).

69. Solum Lawrence B, *The Future of Copyright*, 83 Texas Law Review 151 (2005).

70. Symposium, *Collective Management of Copyright: Solution or Sacrifice?*, 34 The Columbia Journal of Law & the Arts 589(2011).

71. Scott L. Bach, Music Recording, *Publishing and Compulsory Licenses: Toward a Consistent Copyright Law*, 14 Hofstra Law Review (1986).

72. Stef van Gompel, *Copyright Formalities in the Internet Age: Filters of Protection or Facilitators of Licensing*, 28 Berkeley Technology Law Journal 1425(2013).

73. Susan H. Williams, *A Feminist Reassessment of Civil Society*, 72 Indiana Law Journal 126(1997).

74. Tim Hering, *Users and Abusers: Has the Distinction Been Legislated out of Copyright?* 83 Oregon Law Review 1349(2004).

75. U. S. Copyright Office, *Orphan Works and Mass Digitization: A Report of the Register of Copyright*, June 2015.

76. Varian, Hal R, *Copyright Term Extension and Orphan Works* (2006), 15 Industrial and Corporate Change 965(2006).

77. Van Gompel, Stef, *Unlocking the Potential of Pre – Existing Content: How to Address the Issue of Orphan Works in Europe?*, 38 International Review of Intellectual Property and Competition Law 669 (2007).

78. Vigdis Bronder, *Saving the Right Orphans: The Special Case of Unpublished Orphan Works*, 31 The Columbia Journal of Law & the Arts 409 (2008).

79. Wendy J. Gordon, *Fair Use as Market Failure: A Structural and Economic Analysis of the Betamax Case and Its Predecessors*, 82 Columbia

Law Review 356(1989).

80. White, Catherine, *A home for Orphans*, 6 Intellectual Property Management 47 (2011).

81. Wilson A. , *Jet – Setting Orphan Works*, 23 Emory International Law Review 783 (2009).

82. William F. Patry & Richard A. Posner, *Fair Use and Statutory Reform in the Wake of Eldred*, 92 California Law Review 1639(2004).

83. Young, Aaron C. , *Copyright's Not So Little Secret: The Orphan Works Problem and Proposed Orphan Works Legislation*, 7:(2) Cybaris ® Article 1(2016).

后　　记

对孤儿作品问题的研究始于2011年，在此后的数年里，虽然因为教学和其他科研活动极大限缩了对该主题研究的时间，但是因兴趣使然而不得不为之努力。春梦秋云，时光如水。在本书告竣、即将定稿之前，既生感慨，又觉赧然。感慨的是本书是我过去一段时间研究工作的一个小结，真实地记载了我的思考过程。赧然的是论文错误乖谬之处在所难免，研究的内容存在商榷之处，我诚恳地期待着各位专家、学者及同仁的批评与赐教。

本书是在我博士论文的基础上修改而成。孤儿作品问题是一个涉及面广、内容丰富的研究领域，在写作的过程中，从论文构思、写作大纲、资料收集与梳理直至最后定稿，都深得导师郑友德教授的教诲与指导。郑友德教授以他特有的人格魅力和为人为学的高尚风格，始终勉励着我，使我在紧张的教学工作之余完成了学业。特别是初稿完成后，郑友德教授审阅了全文，耳提面命，提出了诸多宝贵意见，使我深深地感受到导师对我的关爱和期望。熊琦教授为论文的写作提供了宝贵的学术资料，给予了我有益的指导，感激之情，不胜言表。在学习期间，易继明教授、杜颖教授、李扬教授和韦之教授的讲解与传授，使我受益良多，课堂内外，如沐春风。同时感谢华中科技大学社会学系雷洪教授、石人炳教授、丁建定教授和孙秋云教授给予的指导和帮助。感谢李力教授、王干教授、曹海晶教授、胡开忠教授、彭学龙教授、熊琦教授、石人炳教授在答辩会上对我论文提出的许多宝贵意见，使我的论文得以修改和完善，并帮助我确立了下一步的研究重点与方向。本书的写作与完成也得到了华中科技大学法学院的各位领导、同事和朋友们的支持与帮助。在此一并表示诚挚的谢意。对我而言,这是比写作本身更有意义的获得和纪念。感谢我的家人和朋友,他们陪我一路走来,给予我无微不至的关爱与照顾,共同见证了本书从孕育到诞生的过程,正是这今生无以回报的亲情与友情,鼓励我能够以一颗平常而坚韧的心面对生活中的逆境与挫折,直面人生,勇敢前行。

需要感谢的人还有很多,在此不能一一提及。祝健康、平安、快乐!

李雅琴

2021 年 8 月